梦山书系

班主任与德育工作

孔祥渊 郭冰 等◎编

海峡出版发行集团 | 福建教育出版社

图书在版编目（CIP）数据

班主任与德育工作/孔祥渊等编. —福州：福建教育出版社，2023.10（2025.9 重印）
ISBN 978-7-5334-9751-4

Ⅰ.①班… Ⅱ.①孔… Ⅲ.①班主任工作－德育工作 Ⅳ.①G451.6

中国国家版本馆 CIP 数据核字（2023）第 180138 号

Banzhuren Yu Deyu Gongzuo
班主任与德育工作
孔祥渊　郭冰　等　编

出版发行	福建教育出版社
	（福州市梦山路 27 号　邮编：350025　网址：www.fep.com.cn）
	编辑部电话：0591-83726908
	发行部电话：0591-83721876　87115073　010-62024258
出 版 人	江金辉
印　　刷	福州报业鸿升印刷有限责任公司
	（福州市仓山区建新镇建新北路 151 号　邮编：350082）
开　　本	710 毫米×1000 毫米　1/16
印　　张	14.25
字　　数	219 千字
插　　页	2
版　　次	2023 年 10 月第 1 版　2025 年 9 月第 3 次印刷
书　　号	ISBN 978-7-5334-9751-4
定　　价	39.00 元

如发现本书印装质量问题，请向本社出版科（电话：0591-83726019）调换。

序　言

我国的教育目的是培养德、智、体、美、劳全面发展的社会主义建设者和接班人。教育的根本任务是立德树人。这决定了德育在学校教育工作中具有的重要作用。如果一个教师仅仅只是完成讲课的任务，而不能有效地管理班集体和开展德育工作，他就不是一位名副其实的合格教师。

要做好班主任和德育工作，不仅需要教师有扎实的理论功底，还要掌握班集体管理和德育工作的基本规律和有效方法。这对处于职业准备阶段的师范生及刚刚接触德育工作的新手班主任，无疑是一个不小的挑战。因此，编写一本能兼顾理论和实务的德育教材，用理论与实践相结合的方式改革师范院校的德育课程，对培养将来能出色担当起立德树人任务的新时代教师是极其重要的。

我欣喜地看到，深圳大学教育学部孔祥渊博士已经在这一方面进行了积极的探索并结出了硕果。

《班主任与德育工作》立足于"合格班主任"的基本要求，兼顾理论和实务，为师范生或新手班主任的专业发展提供了一个可借鉴的文本。该书大体可以分为两个部分。一部分围绕班主任的日常工作展开（主要体现在第四讲、第五讲、第六讲、第七讲）。这一部分的主要内容是班主任开展德育工作的基本途径及主要方式，操作性较强，目的是让班主任了解开展德育工作的基本方式方法和重要技巧，帮助班主任走好德育工作的第一步。另一部分则是围绕班主任的理论储备及自我发展展开（主要体现在第一讲、第二讲、第三讲、第八讲）。这一部分内容主要聚焦于学校德育及班主任专业发展的基本理论，目的是让班主任更为理性地认识班主任工作的内涵和价值，了解学校德育的基本规律，同时为后续的专业发展奠定良好的理论及思维方式基础。这两个部分虽各有侧重，但又有密切的联系。后者为前者提供理论指引，前者则以具体的方式呈现理论的应用场景。

在编排方式上，《班主任与德育工作》以主题写作的方式，分专题呈现班主任与德育工作的主要内容。各讲之间既有内在连续性，也具有各自的独立性，可供读者以适宜于个体的方式进行阅读。当然，这种主题式的写作方式对主题的选定有很高的要求，如何更好地涵盖班主任在德育工作中所关心或者困惑的主要问题，使教材具有鲜明的时代性，是作者需要进一步思考探索的。

班主任是学校德育队伍的重要组成部分，是学校德育工作的核心力量。如果职前教育能为未来班主任打下坚实的理论和实务基础，相信他们会在未来的班集体管理和德育工作中不断创造出新的佳绩，成为出色完成立德树人教育根本任务的主力军。

傅维利

（深圳大学特聘教授，中国教育学会德育学术委员会副理事长）

2023 年 8 月 8 日

目 录

第一讲 班主任是谁？ ………………………………………… 1
第一节 班主任在我国的历史发展 ……………………………… 2
一、1862—1952 年：萌芽及多种探索阶段 ……………………… 3
二、1952 年至今：正式确立及不断完善阶段 …………………… 8
第二节 班主任的责权与选聘标准 ……………………………… 11
一、班主任的职责 ………………………………………………… 11
二、班主任的权利 ………………………………………………… 15
三、班主任的选聘标准 …………………………………………… 16
第三节 班主任的类型与教育定位 ……………………………… 18
一、班主任的类型 ………………………………………………… 18
二、班主任的教育定位 …………………………………………… 23

第二讲 学校德育为何？ ……………………………………… 26
第一节 学校德育的含义 ………………………………………… 27
一、历史之眼看德育 ……………………………………………… 27
二、学校德育的概念考证 ………………………………………… 34
第二节 学校德育的任务 ………………………………………… 37
一、学校德育目标 ………………………………………………… 37
二、学校德育功能 ………………………………………………… 40
第三节 学校德育的实践 ………………………………………… 42
一、学校德育的机制 ……………………………………………… 42

二、学校德育课程 ·· 45
　　三、学校德育的模式与方法 ······································ 48

第三讲　班主任需要哪些德育理论？ ································ 51
第一节　认知取向的德育理论 ······································ 52
　　一、皮亚杰的道德认知发展阶段理论 ····························· 52
　　二、科尔伯格的道德认知发展阶段理论 ··························· 53
　　三、领域理论 ·· 57
　　四、价值澄清理论及价值澄清法 ································· 60
第二节　行为导向的德育理论 ······································ 64
　　一、强化理论 ·· 64
　　二、社会学习理论——班杜拉的道德学习理论 ···················· 65
第三节　情感导向的德育理论 ······································ 67
　　一、体谅模式 ·· 67
　　二、关怀教育 ·· 69
第四节　集体教育理论 ··· 72
　　一、马卡连柯的集体教育理论 ···································· 73
　　二、苏霍姆林斯基的集体教育理论 ································ 75
　　三、科尔伯格后期的转向 ·· 76

第四讲　班主任开展工作的实践路径是什么？ ······················ 79
第一节　管理视角下班主任工作开展的实践路径 ···················· 79
　　一、设定班级管理目标 ··· 80
　　二、制订班级计划 ··· 81
　　三、实施、评价及调整 ··· 83
第二节　班级建设视角下班主任工作开展的实践路径 ················ 84
　　一、让班级有序 ·· 84

二、让班级有爱 ··· 86
　　三、让班级向上 ··· 89
  第三节　集体教育视角下班主任工作开展的实践路径 ············ 92
　　一、通过班级建设促进学生成长 ································ 92
　　二、将事务性工作转化为教育性工作 ··························· 95
　　三、将个别教育问题转化为集体教育问题 ······················ 96
　　四、学会借力，助力学生成长 ··································· 97

第五讲　班主任如何让班级有序？ ···································· 101
  第一节　班级为何要有序？ ·· 102
　　一、基本含义 ·· 102
　　二、班级秩序的意义 ··· 103
　　三、当前班级秩序领域存在的问题 ······························ 106
  第二节　有序的班级是何种样态？ ································· 107
　　一、内在的有序 ·· 108
　　二、外在的有序 ·· 112
  第三节　如何建设有序的班级？ ··································· 122
　　一、秩序建立的过程 ··· 122
　　二、维护秩序的具体方法 ·· 125

第六讲　班主任如何用好主题班会？ ································ 131
  第一节　主题班会的内涵及其教育功能 ··························· 132
　　一、主题班会的内涵 ··· 132
　　二、主题班会的教育功能 ·· 134
  第二节　主题班会的设计与实施 ··································· 136
　　一、主题酝酿与确定阶段 ·· 136
　　二、方案撰写阶段 ·· 140

3

  三、组织实施阶段 …… 142
 第三节　主题班会实效性的评判与提升 …… 146
  一、主题班会实效性的评判 …… 146
  二、主题班会实效性的提升 …… 149
  三、微班会的模式创新 …… 156

第七讲　班主任如何开展心理健康教育？ …… 159
 第一节　中小学生心理健康教育概述 …… 160
  一、中小学生心理健康教育的内涵 …… 160
  二、中小学生心理健康教育的主要内容 …… 160
  三、班主任在中小学生心理健康教育中的定位 …… 163
  四、班主任开展心理健康教育的意义 …… 164
 第二节　班主任开展心理健康教育的基础 …… 167
  一、科学准确的发展理念与态度 …… 167
  二、胜任心理健康教育的知识与能力 …… 169
  三、保持职业心理健康，注重自我关怀与成长 …… 174
 第三节　班主任开展心理健康教育的策略 …… 178
  一、注重学生学情分析，加强学生分类管理 …… 178
  二、建立平等对话的师生关系，关注学生情绪与行为变化 …… 179
  三、抓住时间节点，创设不同模块，增强心理健康教育针对性 …… 180
  四、推动家校社协同施教，创设指向学生终身发展的心育体系 …… 182
  五、系统掌握应对学生心理危机的策略，科学及时地化解危机 …… 183

第八讲　班主任如何进行专业发展？ …… 189
 第一节　班主任专业发展的结构及内容 …… 190
  一、班主任专业发展结构与内容的一般性分析 …… 191
  二、核心素养视域下班主任专业发展的结构与内容 …… 195

第二节　班主任专业发展的途径 ·· 198
　　　一、参加职前教育和职后研修 ·· 199
　　　二、自主实践、学习及反思、研究 ······································ 201

附录一：教育部关于印发《中小学班主任工作规定》的通知 ············ 207
附录二：儿童青少年常见严重心理问题的识别 ································ 210

后　记 ·· 216

第一讲　班主任是谁?

> **本讲导读:**
> 班主任是谁? 这是教师尤其是青年教师经常思考的一个问题。本讲主要从历史的维度、政策的维度及现实的维度梳理了人们关于班主任的思考,希望读者能够了解历史发展中的班主任、政策文本中的班主任以及教育实践中的班主任。

在日常生活尤其是教育生活中,"班主任"是一个常见常用的词汇。在谈及"班主任"时,交流者一般都能理解对方是在何种意义上使用这一概念。这一方面说明人们对于班主任的内涵有着某种程度或某些层面的共识。但与此同时,这也可能暗含着一种需要注意的状态,即人们对于班主任的认识、理解、运用可能主要源于日常生活中的所见、所闻、所感,停留于经验层面。对于极有可能成为班主任的教师而言,这显然是不够的。为避免此种状态,我们需要对班主任有较为全面深入的了解与理解。

班主任是谁?《中小学班主任工作规定》(教基一〔2009〕12号)对于"班主任"是这样界定的:

班主任是中小学日常思想道德教育和学生管理工作的主要实施者,是中小学生健康成长的引领者,班主任要努力成为中小学生的人生导师。

班主任是中小学的重要岗位,从事班主任工作是中小学教师的重要职责。教师担任班主任期间应将班主任工作作为主业。

上述两段话分别从两种内涵上使用"班主任"这一概念。"班主任是……者"的立足点是"人";"班主任是……重要岗位"的立足点则是"岗位"。一般而言,人们主要是从"人"的角度出发使用这一概念。例如,一些研究者将班主任定义为班级教师，学生和家长集体的组织者、建设者、协调者、引领者，是促进中小学生身心全面、核心发展的重要他人。① 从"岗位"角度出发的"班主任"概念，多出现于相关政策文本、制度规定上。

需要注意的是，人们从"人"的角度出发使用"班主任"这一概念时，又有两种使用方式：一种是从"群体"的角度予以使用，如"班主任是一群优秀的老师"；一种是从"个体"的角度予以使用，如"××班主任"。这两个角度均从某些侧面呈现出人们对于班主任的认识与理解。

综上可见，"班主任"这一概念的内涵较为丰富，是教育活动中一种有机且独特的构成要素和角色。本书在谈到班主任相关内容时，主要是从"人"的角度，尤其是"个体"的角度出发使用这一概念。

第一节 班主任在我国的历史发展

关于班主任的历史源起，学界并无过多争议。一般认为，"班主任"这一概念的形成虽然是一个历史发展过程，但其出现与"班级授课制"密切相关。具体言之，班级出现之后，以班级为工作对象的专门人员也产生了。由此，"班主任作为独立要素存在于学校教育系统之中"。②

关于班主任在我国的历史发展过程，研究者见仁见智，观点不一而足。一般认为，我国班主任制度确立于1952年。③ 与此同时，也有研究者认为，我国班主任制度虽然确立于1952年，但具有一定的历史基础并且经历了多种演变。④ 综合现有的相关研究，这里认为其大致可以分为两个阶段。

---

① 齐学红，黄玲. 建构与重构：专业化视域下的班主任制度建设［J］. 教育科学研究，2019（12）：73—79.

② 邓云洲. 班主任工作的理念与实务［M］. 广州：暨南大学出版社，2008：3.

③ 具体可参见：陈桂生. 聚焦班主任："班主任制"透视［M］. 上海：华东师范大学出版社，2012. 在这一著作中，陈桂生教授对于班主任制、级任制、导师制的区别进行了细致的辨析。

④ 杜时忠. "班主任制"走向何方？［J］. 教育学术月刊，2016（11）：3—10.

一、1862—1952 年：萌芽及多种探索阶段

我国古代的学校教育，多采用个别教学的方式组织教育教学工作，不存在班级，与之相应的班主任自然也就没有出现。1862 年，京师同文馆在北京设立，首次采用了"编班""分级"的教学组织方式，这被看作是我国班级授课制的起点。① 自此，班主任角色出现。

拓展阅读：京师同文馆章程中关于编班的规定②

惟诸生自到馆以来，语言文字学有成效，始得由三两升补六两，每日洋教习分班指授，每班不过四刻即退，而温故知新，亦尚有余闲，尽可兼习艺学。

——光绪二十一年（1895）八月堂谕，《同文馆章程及续增条规》，32 页。藏国家图书馆。

查近来风气渐开，有志之士，咸知以西学为重，来馆投效，自未便阻其向学之忱。惟到馆既有先后之分，即造诣各有浅深之别，各教习自不得不分班教授，以期循序渐进。

——光绪二十一年（1895）八月堂谕，《同文馆章程及续增条规》，46 页。藏国家图书馆。

1. 清末对班主任的探索及规定

京师同文馆内设正提调与帮提调，对生员进行管理。按照规定，帮提调需"轮班在馆管理一切"。一些研究者指出，作为提调的副手，帮提调实际上充当了京师同文馆馆务管理的专职官员。帮提调的主要职守是管理学生，举凡学生画到、请假、住馆、功课、禀报等，均由帮提调具体负责和直接处

---

① 杜时忠."班主任制"走向何方？[J]. 教育学术月刊，2016 (11)：3—10.
② 陈向阳. 晚清京师同文馆组织研究 [M]. 广州：广东高等教育出版社，2004：140、240.

理。① 从帮提调需要履行的职责看，他们与当下班主任的职责、任务有一定的相似之处，这可以看作是我国班主任岗位设置的源头。②

拓展阅读：京师同文馆中的正提调与帮提调

同文馆向派正提调二员，帮提调二员，所派正提调均系总办兼充，本署事务较繁，未能逐日到馆，应由帮提调二员轮班在馆管理一切，遇有要事，仍应商同正提调核办。至每日各学生画到，均责成帮提调核实查察，倘有互相代画及学生已到而帮提调转未到馆各项情节，应由正提调随时稽察，回堂办理。

帮提调两员管理馆内一切事务，应毋庸兼在各股该班，以专责成。如有紧要事件，仍令会同办理，并令轮班在馆住宿，以便早晚稽察。其馆内一切应办文移稿件，均由帮提调办理，会同正提调回堂阅画，稿面只列各提调、总办、章京衔名。每月另立收发、书启等簿，毋庸由管股章京办理。所有每月应办应存稿件，均照旧章按月登入清档，其承修校对亦由帮提调等分理，毋庸移付清档房兼办。

——朱有瓛. 中国近代学制史料 [M]. 上海：华东师范大学出版社，1983：20—21.

1902 年，清政府颁布了《钦定学堂章程》（又称"壬寅学制"），其中规定："设总教习一员，主持一切教育事宜；副总教习二员，佐总教习以行教法，并分别稽查中外各教习及各学生功课。"1904 年，清政府颁布了《奏定学堂章程》（又称"癸卯学制"），其中规定："正教员分主各分科大学所设之专门讲席，教授学艺，指导研究，听分科监督及教务提调考察；副教员助正教员教授学生，并指导实验，听本科监督及教务提调考察。"一种观点认为：总教习、正教员大致相当于我们今天班主任的教育角色，副总教习、副教员即

---

① 陈向阳. 晚清京师同文馆组织研究 [M]. 广州：广东高等教育出版社，2004：165—166.
② 王立华，李增兰. 我国中小学班主任工作的历史考察与当代发展 [J]. 当代教育科学，2007（5）：74—77.

相当于有些学校设置的副班主任的教育角色。① 本书认为，这种观点具有一定的合理性，但并不准确。从规程中的相关规定看，总教习、正教员的工作职责主要集中在教学方面，对学生管理涉及较少。而副总教习、副教员则与今天的班主任具有较大的相似性，可以在某种程度上视为当时的班主任。这是我国近代学制中关于班主任的探索与规定。

2. 民国时期对班主任的探索及规定

民国时期，国民政府对于班主任的探索主要可以分为两个方面。

一是延续、借鉴清政府的相关做法，在学校中设置教员这一教育角色。1916年1月公布的"国民学校令实施细则"中规定："正教员担任儿童之教育，并掌教育所属事务。""助教员辅理正教员之职务。"由规定可以看出，正教员、助教员均是在学级中设置的。一些研究者将这种体制称为"级任制"。②

拓展阅读：国民学校令施行细则中关于正教员和助教员的相关规定

第二十二条　国民学校各学级，应置正教员一人。

依地方情形，得于每二学级置正教员一人，助教员一人。助教员承正教员之指挥教授儿童。

有特别情事时，依前项规定外，得更置助教员，使之辅助教授。

依前条规定分二部教授时，每前后（修正案删此二字）二学级以置正教员一人为常例。

第二十三条　凡四学级以上之国民学校校长担任教授者，得置正教员或助教员一人辅助其教授。

——舒新城. 中国近代教育史资料［M］. 北京：人民教育出版社，1961：475.

二是结合教育实际情况，借鉴国外相关做法，实行指导制、分团指导法、导师制等，以更好地对学生进行管理和指导。其中，影响较大的是导师制。

---

① 杜时忠. "班主任制"走向何方？［J］. 教育学术月刊，2016（11）：3—10.
② 杜时忠. "班主任制"走向何方？［J］. 教育学术月刊，2016（11）：3—10.

1938年3月，南京国民政府教育部"为矫正现行教育之偏于知识传授而忽于德育指导，及免除师生关系之日见疏远而渐趋于商业化起见，特参酌我国师儒训导旧制及英国牛津、剑桥等大学办法，规定导师制"[1]，订颁《中等以上学校导师制纲要》，共计十二条，兹列其中几条如下。

一、各校应将全校每一学级学生分为若干组，每组人数以五人至十五人为度，每组设导师一人，由校长指定专任教师充任之。校长并指定主任导师或训育主任一人，综理全校学生训导事宜。

二、导师对于学生之思想、行为、学业及身心摄卫，均应体察个性，施以严密之训导，使得正常之发展，以养成健全之人格（训导纲要另定之）。

三、训导方式不拘一种，除个别训导外，导师应充分利用课余及例假时间集合本组学生举行谈话会、讨论会、远足会等，作团体生活之训导。

四、导师对于学生之性行、思想、学业、身体状况各项，应依照格式详密记载，每月报告学校及学生家长一次；其缴学校之报告，主管教育行政机关，得随时调阅之。

五、各级导师应每月举行训导会议一次，汇报各组训导实施情形，并研究关于训导之共同问题。训导会议由校长主席，校长因故不能出席时，得由主任导师或训育主任代表主席。

六、各组导师对学生之思想与行为各项应负责任。学生在校或出校后在学问或事业方面有特殊之贡献者，其荣誉应同时归于原任导师。其行为不检，思想不正如系出于导师之训导无方者，原任导师亦应同负责任，其考查办法另订之。

七、导师认为学生不堪训练时，可以请求校长准予退训，其受退训之学生，得就本校导师中自选一人受其训导，如再经退训时，即由学校除名。

八、学生毕业时导师应出其训导证书，对于学生之思想、行为及学业各项，详加考语，此项证书在学生升学或就业时，其关系方面得随时调阅之。

该纲要实施后，原中等学校的级任制改为导师制。

---

[1] 中国第二历史档案馆编. 中华民国史档案资料汇编（第5辑第2编教育1）[M]. 北京：中国档案出版社，1998：212—213.

1944年，教育部颁布了《中等学校导师制实施办法》。这一办法保留了《中等以上学校导师制纲要》中的大部分条款，对一些部分进行了修正，如将原先规定的每个导师指导5—15名学生改为"每级设导师一人"。一些研究者认为："如此更动，事实上回到了'级任制'"，"导师制不过是昙花一现而已"。①

拓展阅读：教育部设导师制的宗旨②
本部创设导师制之宗旨，已于纲要中言其梗概。我国过去之教育，本以德行为重，而以知识技能为其次。师生之关系，亲如家人父子，为师者之责任，非仅授业解惑而已，且以传道为先。自行新教育以来，最初各校犹列修身伦理为教科，而老师宿儒，流风未泯，人格熏陶，收效尚巨。迨至近十余年前，放任主义与个人主义之思潮，泛滥全国，遂影响于教育制度。修身伦理既不复列为教科，而教育功能亦仅限于知识技能之传授。师生之关系，仅在口耳授受之间，在讲堂为师生，出讲堂则不复有关系。师导既不讲，学校遂不免商业化之讥。凡此情形，不仅使教育失效，实为世道人心之患，早为有识者所深忧。本部为矫此弊失，复纳教育于正轨起见，爰参酌我国昔时师儒训导之旧法及欧西有名大学之规制，订立中等以上学校导师制度。其办法已于纲要中明白规定。但此制之能否成功，不全恃条文之规定，而系于实施之精神。如果各校无实施此制之决心，但知虚应故事，则纲要将成为具文，如果决心实施，而考虑欠周，则流弊亦所不免。故于师导制施行之时，各校校长、导师及学生家长，均应多加注意，并保持密切之合作。
——教育部关于各校实施导师制应注意各点令（1938年3月28日）

3. 解放区对班主任的探索及规定
中国共产党领导的解放区对于班主任也进行了诸多探索。

---

① 陈桂生. 聚焦班主任——"班主任制"透视［M］. 北京：教育科学出版社，2012：25.
② 中国第二历史档案馆编. 中华民国史档案资料汇编（第5辑第2编教育1）［M］. 北京：中国档案出版社，1998：213—214.

1934年,《中华苏维埃共和国小学制度暂行条例》中规定:"每班设主任教员一人,一班学生在四十名以上者,得增设助教员一人。"这里的主任教员,即相当于我们今天的班主任。

1942年,绥德专署教育科的《小学训导纲要》中指出:"实行教导合一制,必须加强班主任的责任,否则教导主任就忙不过来。"这是"班主任"这一名称首次出现于我国相关制度文本中。

1949年7月21日,《陕甘宁边区政府关于新区目前国民教育改革的指示》中指出:"废除训、教分立制度,实行教导合一。"这一原则从两方面实施:(1)教师不只教书而且要参加具体的指导工作;(2)组织上训育和教导统一。同时,在学校组织上(适用于完全小学)校长下设教育主任。取消级任导师,班设主任教员。这份文件在规定班主任的相关事项时,使用的是"主任教员"而非"班主任"。

以上文件说明,解放区政府虽认可班主任的功能与作用,但在称谓上并未完全统一。

二、1952年至今:正式确立及不断完善阶段

中华人民共和国成立之后,教育行政部门明确了班主任在教育系统中的地位及作用,并不断地予以完善。

1. 正式确立阶段

1952年3月,教育部制定、颁发了《小学暂行规程(草案)》和《中学暂行规程(草案)》,明确要求在中小学设班主任。《小学暂行规程(草案)》规定:"小学各班采取教师责任制,各设班主任一人,并酌设科任教师。"《中学暂行规程(草案)》也规定:"中学每班设班主任一人,由校长就各班教员中选聘,在教导主任和副教导主任领导下,负责联系本班各科教员指导学生生活和学习。班主任任课时数,可根据具体情况,较专任教员酌减。"自此,我国大陆的中小学普遍设置班主任岗位。

1963年颁布的《全日制小学暂行工作条例(草案)》中关于班主任的规定主要有两点:一是工作任务。"班主任应该在少年先锋队辅导员和其他任课

教师的协助下，经常了解本班学生的学习、思想品德、健康等各方面的情况，及时进行教育和帮助，组织和指导学生的劳动和课外活动，指导本班的少年先锋队工作，进行家长工作。"二是表彰奖励。"教育行政部门应该注意鼓励教师树立长期为教育事业服务的思想，表扬和鼓励优秀教师。成绩特别优秀的，可授予'模范教师''模范班主任'的称号。对教师的奖励，以精神奖励为主，以物质鼓励为辅。"这是对班主任工作职责、奖励的初步规定。

2. 不断完善阶段

改革开放以来，有关班主任的规定越来越多、越来越详细。"班主任"的发展处于不断完善的阶段。

1979年颁布的《关于普通中学和小学班主任津贴试行办法（草案）》，首次较为明确地规定了班主任的选聘标准、工作要求、教学工作量、津贴计算及发放办法。

1988年颁布的《小学班主任工作暂行规定》《中学班主任工作暂行规定》对班主任的地位与作用、任务与职责、工作原则与方法、选聘条件及任免事宜、待遇和奖励、领导和管理等方面进行了更为具体的规定。

2006年颁布的《教育部进一步加强中小学班主任工作的意见》更是强调了班主任工作的意义、明确了班主任工作的职责，同时明确规定了加强班主任培训、为班主任工作提供保障等内容。

拓展阅读：《全国中小学班主任培训计划》中的培训原则与培训内容
培训原则

1. 针对性原则

针对小学、初中和高中不同阶段学生身心发展规律，根据不同学段班级管理工作的特点和要求，研究设计培训内容。培训工作采取短期集中培训与在职校本培训相结合，远程培训与面授辅导相结合等灵活多样的方式进行。

2. 实效性原则

坚持理论联系实际，从班主任实际工作和班主任的实际需要出发，面向中小学班级管理和学生管理的实践，针对现实问题设计与安排培训内容，重视经验交流，突出案例教学。

3. 创新性原则

积极创新中小学班主任培训内容、方式、方法、手段和机制，针对中小学教师在职学习的特点，充分发挥现代远程教育手段的作用，不断提高班主任培训工作的效率和质量。

培训内容

根据中小学班主任工作的实际需要，培训内容主要包括：班主任工作基本规范、学生心理健康教育指导、班级活动设计与组织、班级管理、未成年人思想道德教育、相关教育政策法规等相关专题。

2009年颁布的《中小学班主任工作规定》对于班主任的诸多方面进行了更为细致的规定。这也是目前关于班主任的较为全面的文件之一。

历史地看，班主任的发展呈现出两个重要特征：一是政策文件对于班主任的规定始终处于动态调整之中。在不同的政策文件中，班主任的称谓、具体任务、工作方式等均有一定的差异，处于动态变化过程之中。二是班主任的相关规定具有某种程度的一致性，且越来越全面、细致。各个政策文件对于班主任的规定虽有差异性，但是在班主任的基本职责、工作内容方面也有一致性。尤其是中华人民共和国成立以来，教育行政部门颁布的班主任方面的相关政策文件，具有较高程度的一致性与延续性。此外，政策文件对于班主任的规定也越来越细致、全面。例如，1952年的《小学暂行规程（草案）》和《中学暂行规程（草案）》对班主任的选聘、工作内容进行了基本的规定；《中小学班主任工作规定》则对班主任的选聘、工作职责与任务、权利与待遇等多方面进行了较为细致的规定。

面向未来，班主任会走向何方？目前有两种完全不同的观点。一是班主任必将消失。主张这一观点的人认为：由于班级授课制会逐渐消亡、班主任的设置具有诸多弊端、科任教师可以代替班主任进行学生教育工作等原因，班主任会逐渐消失。[①] 二是班主任将得到进一步的重视。主张这一观点的人认为：由于班主任对于学生的影响是其他人无法替代的、班主任对于保证教育

---

① 读者可参阅本书第一讲第三节"走班制"的相关内容。

的社会主义方向具有重要作用等原因，班主任将得到进一步的重视。

第二节　班主任的责权与选聘标准

关于班主任的职责、权利与待遇、选聘标准，教育部颁发了一系列文件。这里主要根据《小学班主任工作暂行规定》(1988年)、《中学班主任工作暂行规定》(1988年)、《教育部关于进一步加强中小学班主任工作的意见》(2006年)、《中小学班主任工作规定》(2009年)，阐述班主任的责权及选聘标准。

一、班主任的职责

简言之，班主任的职责是指班主任应该承担的工作。对于此，各个政策文件的规定并不完全一致。总结而言，班主任的职责主要有三个。

1. 教育引导学生

众所周知，教育引导学生是教师的重要任务与工作。作为教师群体的一部分，班主任自然也担负着这样的职责。在这一方面，班主任至少需要开展四个方面的工作：第一，通过多种合理合法的方式（观察、交流等），从多个维度（年龄、生活状况、思想状况等）了解学生的现实情况；第二，对学生进行品德、思想、价值观方面的教育引导；第三，对学生进行学习生活、生活习惯、日常行为习惯的教育培养；第四，对学生进行合理的评价，并基于评价结果对学生开展进一步的教育引导工作。对于中等职业学校的班主任而言，他们还需要做好职业指导工作。

2. 做好班集体建设工作

班级不仅是班主任工作的对象，也是其开展相关工作的重要载体，还是体现班主任工作特殊性的平台。因此，做好班级集体建设工作，是班主任的重要职责之一。在这一方面，班主任至少需要进行四个方面的工作：一是面向班级的日常事务，做好管理工作；二是建立健全班级中的各种正式群体

（如共青团支部、少先队中队委员会、班委会、小组或小队等）并指导其工作；三是关注班级中的非正式群体[①]并做好适宜的教育引导工作；四是开展多种多样的班集体活动。

拓展阅读：健全的班集体应具备的几个条件

第一，具有明确的共同奋斗的目标。一个班里聚集着几十个学生，如果没有明确而又合适的目标，就无法组织为实现共同目标而进行的共同行动，因而也就无班级集体可言。只有当目标提得适当，才会对全班成员具有吸引力和鼓舞作用。实践表明，马卡连柯提出的远景目标、中景目标与近景目标的建议是行之有效的。实现近景目标的时间不宜过长，要尽快让学生取得"成功"，尽早得到"快乐"的体验。为达到目标而组织的行动，既不要轻而易举，也不能高不可攀，要经过一定的意志努力才能实现。近景目标达到了，中景目标就成了近景目标，远景目标也相应成为中景目标。

第二，具有强有力的班级集体的核心。一个班级，如果没有积极分子，没有骨干队伍，就形成不了班级集体的核心力量，那么这个班级就不可能是个稳固的集体。在中学里，班级中的中队委员会或团支部、班委会齐心合力，集体才会坚强。作为教师，要多当"参谋"，多当"导演"，充分发挥学生组织和班干部的教育作用，学生之间的相互影响，有时比教师的影响还大。

第三，要有正确的舆论和良好的班风。正确的舆论就是根据是非标准进行表扬与批判。正确的集体舆论对每个成员都有熏陶、感染和约束作用，对集体是一种"凝聚剂"，同时，它又是衡量集体形成与巩固程度的一个尺度。良好的班风是指班级集体成员中普遍具有的符合道德标准的良好行为举止。良好的班风具有潜移默化的影响力，因而具有较强的约束力。正确的舆论和良好的班风具有很高的德育价值，它是巩固学生班级集体的精神力量，是教

---

① 非正式群体可以分为如下几种类型：利益型，即以某种一致利益为基础而形成的群体；兴趣型，即以某种共同的兴趣爱好为基础而形成的群体；信仰型，即以理想、志愿相投为基础而形成的群体；感情型，即以日积月累的深厚感情为基础而形成的群体；性格型，即以个性相投而集合在一起的群体。——施良方.中学教育学（第2版）[M].福州：福建教育出版社，2013：11.

育班级集体成员的重要手段。

第四，健全制度，严格纪律，集体成员具有遵守纪律的自觉性。纪律对于维护和巩固班级集体是十分重要的。如果没有统一而严格的自觉纪律，任何一个集体都不能巩固和发展。所有规章制度、纪律要求，对班级集体所有成员都应一视同仁，不能因人而异。教师在这方面应该起表率作用。

——胡守棻．德育原理（修订版）［M］．北京：北京师范大学出版社，1989：209—214．

3. 做好协调沟通工作

在对学生的教育培养过程中，班主任占据了一个特殊的教育位置，扮演着一种特殊的教育角色——使各种教育力量形成合力的"纽带"。这一角色给予了班主任沟通协调的多种便利（如沟通协调的途径、方式等），也为教育合力的形成及其作用发挥提供了极大的可能性。因此，做好沟通协调工作自然成为班主任的职责之一。一般情况下，班主任面对的主体主要有：学生[①]、家长、科任教师、学校的其他教职员工、社区人员、社会人员。班主任的沟通协调工作往往是在这几个群体中进行的。有时仅涉及一个主体（如学生内部的沟通协调），有时则涉及多个主体（如学生和家长）。

拓展阅读：班主任——教育生态关系的调节者

通过教育生态学的学科视野，我们可以进一步挖掘班主任作为教育生态关系的调节者的许多丰富意涵。

第一，班主任作为公共教育机构中社会价值体系及其规范的最直接的代表面对两个难题：一是需要保持健康依恋的心理链条不发生断裂，使人的心理发展有连续性、稳定性；二是必须使家庭培育出的带有一定自然适应性的初级社会性情感扩大、延伸并转变为适应公共教育准则的更高形态的社会性情感。也就是说，班主任要培养学生具有与原有教育生态中"异质同构"的情感，它们是对学校的依恋、对教师同学的依恋、对班集体的依恋，这一形

---

① 主要是自己班级的学生，有时也涉及其他班级的学生。

态的依恋感是未成熟的一代走向爱家乡、爱社区、爱民族、爱国家、爱共产党的第一个"中转站"。班主任在这一教育过程中，角色地位和活动余地都极为显著，他要设法营造班集体既规矩又温馨的教育环境，要在类似父母爱的呵护、安全心理氛围中巧妙地将本质上不同于家庭依恋的、更高社会化的要求给予下一代。他还要积极地来往、工作于家庭与学校之间，通过家访、家长会、家长学校等形式协调家庭文化与学校文化的矛盾，促进两者的"接合"与"融合"，对那些与学校文化反差很大的家庭文化，不仅自己亲自做工作，而且通过儿童在学校培养下形成的"反哺文化"去影响、改造家庭文化。在每一个新学期的开端，在小学、初中、高中的学习转折时期，班主任作为教育生态关系的调节工作格外繁重。

第二，就学校建造的教育关系而言，应当一切都是和谐的。这一思想在苏霍姆林斯基的教育思想中有集中的体现。学校教育的本质是筛选、传递人类的、民族的优秀文化，并进而通过培养优秀的人再创造新的优秀文化。从这个意义上说，学校的一切关系都应当是优美、和谐的。前苏联审美心理学家斯托洛维奇指出过，不是任何儿童都有机会在家庭、居住地区看到美的事物。因而学校教育应当让儿童接触最美最好的事物，从而使他们在情感心向上趋向于真善美。因此，我们不少学校设法在校园环境、人际关系、教学过程等等诸种因素、过程上考虑美与和谐，我们的班主任在班级布置，包括色彩的设计、变换、座位格局的安排、布置，在教育、教学语言美方面，特别是在人际关系亲密和谐方面做了大量的工作，应当说，学生所处直接教育环境的和谐首先归功于班主任的带领和指导。如果没有从学校领导者到班主任对这一优美和谐教育关系的创造，在一定意义上可以说失却了办学校教育的意义。

第三，由于人所面对的社会现实关系总是一个不那么完善、理想的关系，尤其是在动荡年代或社会转型时期，学生所体验过的真实生活环境与学校教育的较为纯净、理想的环境有时反差很大，以至于有些班主任怀疑起自己的工作效果来：这种辛辛苦苦构造优美与和谐是否在造成一批批不适应社会生活的"温室里的花朵"，我们是否需要降低学校教育的"优美和谐度"，以接近真实自然的生活？在我们看来，问题的关键在于：班主任并不是一厢情愿地将现成的"优化关系"提供给学生，更不能有意为学生设置假丑恶的环境以及学生无法逾越的障碍，而是引导学生自觉参与"和谐关系"的创造，在积极、主动地，甚至是艰苦的创造中体验创造的快乐，培养向往和谐与美的心向。许多未来学家根据对世纪之交人类问题的研究，预测二十一世纪人类面临的仍然是两大难题，即市场竞争与科学技术主义带来的生态恶化与道德下降。这一时代特征要求学校教育教会学生不仅向往优美和谐、积极创造优美和谐，而且敢于直面挫折与苦难。班主任工作应包含教会学生觉知人际生态环境，敢于面对和善于应付假、丑、恶。传统教育在这方面存在不少不足，需要从观念上以及教育内容上予以具体的改造。

——朱小蔓. 班主任与班主任工作——一种值得重视和挖掘的教育资源［J］. 教育理论与实践，1997（01）：31—34.

二、班主任的权利

班主任的权利是指班主任依法享有的权能和利益。班主任不仅享有《中华人民共和国宪法》《中华人民共和国教师法》等法律规定的诸多权利，还享有与班主任相关的政策文件所规定的那些权利。这里仅聚焦于"班主任"的相关政策，分析班主任所享有的权利。

1. 教育指导及评价权

教育指导及评价权指的是班主任享有对学生个体、群体进行教育、指导、评价的权利。如《中小学班主任工作规定》第十六条指出："班主任在日常教育教学管理中，有采取适当方式对学生进行批评教育的权利。"这是班主任作为教育者的重要权利之一，也是其履行各项职责、完成规定任务的重要保障。

2. 获得报酬待遇权

获得报酬待遇权指的是班主任享有获取合法报酬及相关待遇的权利。这具体体现在两个方面：一是所有班主任均可获得的报酬待遇，如班主任津贴、班主任工作计入工作量；二是部分优秀班主任可获得的报酬待遇，如优秀班主任可获得奖励或表彰。这同样是班主任的重要权利，影响着班主任工作的吸引力、班主任队伍的稳定性等诸多事宜。

为更全面地了解班主任的权利,本书对两份主要政策文件中的相关内容进行了整理,如表 1-1 所示。

表 1-1　相关政策文件中对班主任权利的规定

政策文件名称	班主任的权利
《教育部关于进一步加强中小学班主任工作的意见》	要提高中小学班主任的地位和待遇。班主任工作是中小学教育中特殊重要的岗位,中小学校要在教师中营造以从事班主任工作为荣的氛围。要将班主任工作记入工作量,并提高班主任工作量的权重。各地要根据实际,努力改善班主任的待遇,完善津贴发放办法。要适当安排班主任的教学任务,使他们既能上好课又能做好班主任工作。 　　要完善班主任的奖励制度。各地教育行政部门和中小学校要将优秀班主任的表彰奖励纳入教师、教育工作者的表彰奖励体系之中,定期表彰优秀班主任。 　　学校应建立班主任工作档案,定期考核班主任工作,考核结果作为班主任和教师聘任、奖励、职务晋升的重要依据。
《教育部　人力资源社会保障部关于加强中等职业学校班主任工作的意见》	学校在教育管理工作中应充分发挥班主任的骨干作用,注重听取班主任意见,营造以从事班主任工作为荣的氛围。要合理安排班主任的教学任务,保证班主任有更多的时间和精力做好班主任工作。进一步发挥工资分配的激励作用,学校内部绩效工资分配要适当向班主任倾斜。教师高级岗位聘用应向优秀班主任倾斜。

三、班主任的选聘标准

《中小学班主任工作规定》提出,"班主任由学校从班级任课教师中选聘"。此外,关于班主任的选聘标准,相关政策文件还着重对两个方面进行了规定。

1. 良好的思想品德素质

良好的思想品德素质主要包含两方面内容。一是坚定正确的政治立场。作为我国师资队伍的构成部分——班主任,需要通过教育服务于社会主义事业。因此，坚定正确的政治立场是班主任的选聘标准之一。"坚持四项基本原则""忠诚党的教育事业"等规定是这一要求的具体体现。二是良好的道德品质。这里的道德品质可以分为两类：班主任作为"人"的道德和作为"教师"的道德。班主任的道德品质不仅以"示范"的方式影响其所面对的学生，更为重要的是，它还左右着教育活动能否正常、公正地开展。因此，良好的道德品质也成为班主任的选聘标准之一。

2. 一定的"准班主任"素养

在选聘班主任时，被选聘者虽然未必已经具备班主任的诸多素养，但是需要一定的成为班主任的素养，本书将其称之为"准班主任"素养。一些政策文件这样规定：被选聘者"具有较强的教育引导和组织管理能力""较强的责任心""具有团结协作精神和较强的人际沟通能力"。之所以这样要求，是因为与一般教师相比，班主任需要一些特殊的品质、能力等。

为更全面地了解班主任的选聘标准，本书对两份主要政策文件中的相关内容进行了整理，如表1-2所示。

表1-2 相关政策文件中对班主任选聘标准的规定

政策文件名称	班主任的选聘标准
《教育部关于进一步加强中小学班主任工作的意见》	中小学班主任要忠诚党的教育事业，热爱学生，善于做学生的思想工作，具有符合素质教育要求的教育观和较强的教育教学和组织能力，掌握教育学、心理学的基本知识和方法，熟悉相关法律法规；品德高尚，为人师表，具有团结协作精神和较强的人际沟通能力。
《教育部 人力资源社会保障部关于加强中等职业学校班主任工作的意见》	中等职业学校班主任应由取得教师资格、思想道德素质好、业务水平高、身心健康、经过相关培训的教师担任。班主任要忠诚党的教育事业，热爱学生，乐于奉献，掌握教育学、心理学、职业指导等方面的基本知识和方法，熟悉相关法律法规，具有较强的教育教学能力、组织管理能力、人际沟通能力和职业指导能力。助理班主任任职资格和条件由各地参照班主任任职资格和条件作出具体规定。

第三节 班主任的类型与教育定位

了解班主任的类型及教育定位，可以让我们更为理性地认识、理解班主任。因此，这里将首先梳理班主任的类型，再论述班主任的教育定位。

一、班主任的类型

按照不同的分类标准，班主任类型的划分会有一定差异。这里从较为常见的分类标准出发，梳理人们对于班主任类型的思考。

1. 依照班主任的教育风格而划分的班主任类型

这主要是依据班主任的教育理念、日常的教育行为及其倾向而划分的班主任类型，也是较为常见的班主任类型划分方式，具体如下。

（1）班主任的九种类型

依据"角色"的相关理论及知识体系，结合中小学的具体实际，一些研究者将班主任的类型分为以下九种。[1]

"班妈"型。这种班主任主要依靠"爱心"开展工作，其角色定位是学生的"准妈妈"。这类班主任习惯于高举"爱"的旗帜，营造"爱"的氛围。无论遇到什么问题，他们都习惯于诉诸"感情"，求助于"爱"。

"班官"型。这种班主任主要依靠监督、检查、评比等管理方式开展工作。其角色定位主要是学生的"上级"和"管理者"。这类班主任内心十分相信"严格管理"的意义与价值，热衷于制定各种条条框框的指标，并将之用于管理班级及学生，并且较为频繁地使用多种赏罚手段。

鼓动家型。这种班主任主要依靠"煽情"开展工作。他们有个人魅力、

---

[1] 王晓春. 做一个专业的班主任 [M]. 上海：华东师范大学出版社，2008：106—115.

知识和才能，其角色定位是做学生喜爱和敬佩的人。这类班主任往往性格外向、热情四射、口才上乘，习惯于运用多种互动技巧引领学生的情感和行动。

领袖型。这种班主任主要依靠活动开展工作。他们的角色定位是"带领者""组织者""统帅"。这类班主任的特长是不断组织学生参加各种各样的活动，在活动中凝聚集体，在活动中形成积极的舆论和氛围，在活动中消解现存的问题，用活动"裹挟"学生的发展。

导师型。这种班主任主要依靠思想影响和人格魅力开展工作。他们的角色定位是学生的人生导师。这类班主任往往具有自己独立的思想，个性非同一般，人格魅力较强，思路与众不同。他们的威信往往高到令学生迷信的地步，并基于此开展相关的教育、管理工作。

科学家型。这类班主任主要依靠科学开展工作。他们的角色定位首先是学习者和研究者，其次才是学生的组织者和领导者。这类班主任遇到问题，习惯于采取研究的态度，在诊断的基础上提出解决方案。对于他们而言，学生、工作乃至于自身，均是研究的对象。

"维持会长"型。这种班主任将"维持局面"视为自身的工作，主要靠权力和空洞的说教开展工作。其角色定位是学校领导布置的各项任务的机械执行者。这类班主任在开展工作时，无计划、无方向、无目标、无政策，完全跟着学校的检查评比走，被动地应付各项任务。

"寨主"型。这种班主任主要依靠"权力"和"权术"开展工作，其角色定位是"寨主"。这类班主任刚愎自用、独断专行，顺我者昌、逆我者亡，作风较为专制。当然，他们对外也会宣扬自己是"民主"的、"爱"学生的。

"书生"型。这种班主任往往是一些初任者。他们主要是从书本上学习了一些理论知识，完全没有实践经验，甚至缺乏生活经验。对于班主任应该依靠什么开展工作、扮演哪种角色，他们几乎一无所知。这类班主任往往凭热情开展工作，并且认为其理念是最新的，办法是最先进的，理想是最崇高的。

（2）班主任的五种类型

根据班主任对其职责的认识及履行职责时的表现，班主任可划分为以下五种类型。①

挚爱型。这种类型的班主任具有较高的职业道德,真心实意地热爱自己的学生,愿意为学生贡献全部力量,并能把对学生的爱和严格要求结合起来。

事务型。这种类型的班主任往往具有较强的责任心,他们将班级工作全部包揽下来,对于班级的事务,不论大小、轻重、缓急,事必躬亲,从早到晚像保姆那样管理学生,工作较为辛苦。

唯智型。这种班主任认为学生的主要任务是学习,只要把学生的学习成绩抓上去,家长、学校领导就会满意。他们将主要精力都放在与升学考试有关的学科成绩提高上,想方设法刺激、调动学生的学习情绪,如在班级中对各科学习成绩进行排名,为成绩优秀的学生"开小灶"等;而对于学生的思想品德教育、体育卫生、课外活动等,则不求有功,但求无过,应付了事。

严厉型。这种班主任认为学校设立班主任一职的目的是通过专门的教师来管教学生,要使学生服从管教,就需以严厉惩处的手段"镇压"学生。严厉型班主任在树立教师威信问题上,受到一些消极思想的影响,认为"学生身上有三分贱骨头,不惩处就管不好他们",等等。因此,他们往往通过严厉的管制来树立威信,分不清"严格要求"与"凶"的界限,很难将严格要求与热爱学生相结合,真正做到"爱之深,求之严"。

放任型。这种班主任往往专业思想不够稳固,认为班主任工作太辛苦,把班主任的职责完全抛之脑后,对学生不闻不问,放任自流。

(3)班主任的两种类型

这是本书根据"父性原理"与"母性原理"的相关观点对班主任进行的分类。按照精神分析学的观点,"父性原理"和"母性原理"是社会成立的基本原理,也是人的精神存在的基本原理。② 它也可以成为个体发出行为、开展行动的指导原理或反应原理。依据研究者的分析,"母性原理讲究温暖和宽容,而父性原理倾向于提出严格的要求。"③ 具体而言,这两种原理的特色如表1-3所示。

---

① 段鸿,张兴. 德育与班主任[M]. 上海:上海教育出版社,1999:183—184.
② [日]片冈德雄. 班级社会学[M]. 贺晓星,译. 北京:北京教育出版社,1993:11.
③ [日]片冈德雄. 班级社会学[M]. 贺晓星,译. 北京:北京教育出版社,1993:12.

表 1-3　父性原理与母性原理的基本特征①

	父性原理	母性原理
基本功能	切割性的	包容性的
基本目标	个体的存在与生长	群体的形成
个人的存在方式	肯定个人间的能力差	绝对的平等感
序列	按功能排列	同样均等性
人际关系	契约关系	共生性一体感
信息交流	语言形式	非语言形式
领头的责任	个人的责任（权威）	群体的责任（调节）
变化	直线性的	内环状的

在教育及班级管理工作中，班主任可能既需要重视契约关系、个人的责任，又需要考虑群体的形成、群体的责任等。结合班主任的工作来看，这两种原理是一个较有启发性的分类标准。据此，本书将班主任分为两种类型：父性型班主任和母性型班主任。

父性型班主任。这种班主任重视班级的发展目标，在某种程度上凭借人际关系开展工作，但他们更为讲究追求权力和行使权力，并以此保障教师权威性。当班级中个别学生的成长、发展与班级整体目标相冲突时，父性型班主任一般会将班级置于优先的位置。

母性型班主任。这类班主任重视班级中的人际关系尤其是人际间的信赖关系，并较为注重班集体的建设。在他们看来，达成班级目标的方法、路径是多种多样的。同时，学生可以发挥自己的个性和特长。母性型班主任扮演的更多的是一个忠告者的角色。他们常常会预测结果，提出建议，让学生考虑。

2. 依据主、次之分而划分的班主任类型

按照主、次的划分，班主任可以分为主班主任与副班主任两种类型。主班主任一般扮演着主导者和领导者的角色，全面负责班级事务。副班主任则是配合者，从某些特定的时间、空间或事务出发，协助主班主任完成工作。

---

① ［日］片冈德雄. 班级社会学［M］. 贺晓星，译. 北京：北京教育出版社，1993：12.

关于主班主任与副班主任，人们对他们的称谓并不一致。例如，有些人将主班主任称为"班主任""中心班主任""常务班主任""核心班主任"等，将副班主任称为"助理班主任""责任班主任"等等。虽然称谓上有一定差异，但人们所表达的意蕴具有内部一致性。

拓展阅读：副班主任

副班主任是协助班主任管理班级大小事务的科任教师，也是班级的重要成员，在教书与育人方面承担着重要责任。在实际教学中，副班主任更多的还是科任教师的角色，重"课中"互动交流，忽略"课前"与"课后"的交流与沟通，而"课前"与"课后"的交流与沟通却是课堂教学成败的重要因素，也是影响师生情感的关键原因。作为一名副班主任，也是一名科任教师，我们应自觉承担班级德育工作，立足在课前、课中、课后不同时段，构建和谐师生关系，更好地实现师生共同进步与共同成长，形成尊重平等、和谐温暖的师生关系。

——卢志，袁成，曹姗，周小舒. 班主任专业成长与师德修养[M]. 成都：西南交通大学出版社，2021：167.

3. 依据班级形式划分的班主任类型

我国目前班级的形式大致有两种：行政班和走班制。相应的，班主任也可以分为行政班的班主任和走班制背景下的班主任。一般情况下，行政班的班主任一般是指一个班级匹配一个相对固定的班主任，班主任是基于行政班产生，并存在于行政班之中的。走班制中的班主任则有所不同。在走班制中，学校用多种角色替代了班主任的角色。例如，北京十一学校实行走班制，其班主任角色也发生了变化。这一学校实施了导师、咨询师和教育顾问制。"高一的大学段实施导师制作为过渡，导师由年级的任课教师担任，所有的任课教师都有担任导师的任务，导师主要对学生进行人生和职业引导、心理疏导和学业指导。待学生适应高中新环境后，将'导师'过渡到'咨询师'。'咨询师'需要做好各方面的储备，随时对学生的需求做出回应。'咨询制'下，主动权完全在学生，通过一对一的咨询和服务，解决一个个具体的需要和困惑。为了更好帮助'问题生''后进生'成长,学校设置了'教育顾问'岗位。教育顾问由学部聘任,一般由管理和教育学生方面非常有经验的任课教师担任。"① 一些研究者认为,北京十一学校的这种制度设计,实际上取代了原先的"班主任制"。②

在呈现了班主任类型的相关论述后,这里需要说明三点:第一,上述各种班主任的类型,是分类者站在特定的标准,以较为典型或极端的方式进行的划分。这些类型既有一定的差异,也有一定的交叉重复之处,可供学习者进行比较、分析、思考及选择。第二,上述各种类型的班主任并没有绝对的优劣之分。同一类型的班主任,面对不同的学段、不同类型的学生、不同的班级,产生的作用可能完全不一样。因此,学习者需要理性看待各种类型的班主任,并结合具体情况,予以评价、借鉴。第三,在学习、思考班主任的类型时,学习者既要了解、分析诸类班主任的具体表现、基本特征等,也需要思考、探究各种班主任类型蕴含的价值立场、价值观念等,这有助于学习者更好地认识与理解班主任。

二、班主任的教育定位

所谓班主任的教育定位,指的是班主任在教育活动中的特殊地位和作用。关于这一点,研究者从不同角度出发进行了探究。这里,结合班主任的职责及相关研究,分析班主任的教育定位。

1. 班主任是班级的组织者③

这是围绕着班级形成的班主任教育定位。班级是学校教育教学的基本单

---

① 转引自:付辉. 中小学班主任制度变革的新进展与前瞻[J]. 教育学术月刊,2016(11):20—26. 详见:李希贵,等. 学校转型——北京十一学校创新育人模式的探索[M]. 北京:教育科学出版社,2014:153—156.

② 杜时忠. "班主任制"走向何方? [J]. 教育学术月刊,2016(11):3-10.

③ 班华教授较早对"班主任是班级的组织者"这一命题进行了讨论。详见:班华. 班主任在促进学生素质发展中的特殊地位、作用和操作系统[J]. 教育理论与实践,1999(10):10—15.

位，是学生学习的教育群体，也是教育性的生活群体。① 依照班主任管理的相关规定，班级是班主任的重要工作对象。具体而言，在班级的形成、正式运转过程中，班主任需要进行设计、筹划、干预、协调等诸多工作。也正是从这个意义上说，班主任是班级的组织者。关于班主任在班级中的角色，目前的争议主要体现为：班主任是班级的管理者或班主任是班级的领导者。一般认为，班主任是管理者。如一些研究者认为："无论从协调、组织的空间、时间抑或者是工作的重心来看，班主任的管理者角色都是非常突出的。"② 随着时代的发展及教育的变革，一些研究者认为：班主任应该对班级发展进行多种领导，在班级建设中扮演领导者的角色。例如，有研究者明确提出："班主任工作的本质是领导学生们过有意义的文明的集体生活。"③ 这里认为，无论是管理还是领导，均可视作班主任在进行班级组织时的一种风格，不能将其称为班主任的角色定位。

2. 班主任是学生事务的全面接触者

这是围绕着学生形成的班主任教育定位。探讨班主任与其他教师的联系及区别，能够在很大程度上分析出班主任的这一教育定位。从班主任与其他教师的联系看，教书育人是所有教师的共同任务。为完成这一任务，教师一般都需要借助相关的活动，得到同事、家长及社会的支持与帮助。在这一方面，班主任与其他教师具有较大的相似性。从班主任与其他教师的区别上看，班主任与其他教师开展的具体活动的类型、方式、频率会有一定差异。除此之外，全面接触学生事务是班主任与其他教师的重要差异。"全面"有两个方面的内涵：一是接触的学生较为全面，涉及整个班级，而非班级的某些成员；二是接触的事务较为全面，班主任对于学生的了解，往往涉及学生的家庭情况、个人经历、性格等。与其他教师相比，全面接触学生是班主任的群体特征。从这

---

① 班华. 班主任在促进学生素质发展中的特殊地位、作用和操作系统 [J]. 教育理论与实践，1999（10）：10—15.

② 檀传宝，等. 问题与出路：若干德育问题的调查与专题研究 [M]. 杭州：浙江教育出版社，2009：187.

③ 马健生，李朝霞. 论班主任工作的领导本质 [J]. 现代教育管理，2022（9）：39—45.

一角度上看，班主任的教育定位可以被描述为"学生事务的全面接触者"。

这里需要说明的是，其他教师中的部分人员，也可能会全面接触学生事务，有时甚至比某些班主任的接触更为全面、深入。但是，这基本上是那些教师的个体特征，而非群体特征。例如，我们很难说这些全面接触学生事务的教师是女老师/男老师、语文老师/数学老师/历史老师、青年教师/中年教师/老年教师。同时需要注意的是，班主任是学生事务的全面接触者，并不意味着班主任对于学生的影响更为深刻、积极。我们只能说，班主任全面接触学生的相关事务，更可能发挥深刻、积极的教育影响，但是这种效果并不是必然的。

3. 班主任是学校德育的骨干力量

这是依据班主任在学校德育中可能发挥的作用形成的班主任教育定位。从人们对于班主任的期待及要求看，人们期待班主任具有良好的德育能力并能够有力地促进学生的品德发展。例如，学校在选聘、培养班主任时非常注重班主任的德育工作能力，并对班主任在德育中的作用抱有较高期待。从班级在学校中的地位看，班级是学校德育工作的重要载体。在学校教育中，班级是教育教学的基本单位，是学生日常生活的重要场所，更是培养学生价值观的关键场所。[①] 从这两个方面看，班主任既有开展德育工作的相关能力，也有开展德育工作的重要载体。与其他教育主体相比，班主任在学校德育中会产生更重要的作用。也正是由于此，很多研究者将班主任视为学校德育的骨干力量。这也应当是班主任的教育定位之一。

推荐阅读：

陈桂生. 聚焦班主任："班主任制"透视 [M]. 北京：教育科学出版社，2012.

思考题：

结合你对班主任的认识，谈谈班主任在教育活动中的特殊性有哪些。

[①] 赵福江，李月，龚杰克. 构建以班主任工作为核心的学校德育体系 [J]. 教育科学研究，2021（8）：66—71.

班主任与德育工作

第二讲　学校德育为何？

本讲导读：

　　关于教育的定义众多，说法不一。其中，"教育是引人向善的社会活动"这一定义似乎更贴近教育的真谛。因为，它直指教育的根本在于价值引导，育人的核心在于品德发展。我们也常说教师履行"教书育人"的职责，其重点也是落在了"育人"上。近年来，"立德树人是教育的根本任务"这一观念已成共识。归根到底，学校德育是学校教育的中心环节，关系到学校教育的方向。在中小学的学校工作分工中，班主任工作通常划分到德育部分，班主任也理所当然被认为是"德育战线"的一员。事实上，不少班主任并不能够非常清晰地说清"德育"的内涵和外延，常常把"德育""德育工作""学校德育""德育实践"等概念混用，甚至经常使用"德育教育"这样的错误表达。因此，不论是从班主任工作的实际需要，还是从教师德育专业化的发展趋势来看，都非常有必要讲清楚学校德育的"大小事"。

　　在这一讲中，我们将着重探讨学校德育的"前世今生"，先从历史的角度透视学校德育的发展与变革，再把德育的相关概念说透彻，从而让大家理解学校德育的含义。同时，我们将从学校德育的任务和实践两个维度，剖析学校德育所承载的教育功能，分析学校德育在教育实践中的现实内涵。

第一节　学校德育的含义

讲清楚学校德育的含义并不是一件简单的事情。这主要是因为"德育"概念本身随着教育的历史发展进程在不断变化，是一个发展的概念。在现代教育体系中，由于教育实践的复杂性，特别是在我国本土语境中，学校德育被赋予的内容也在不断增减。

一、历史之眼看德育

作为教育的组成部分，德育的发展既与教育发展进程相关，又与社会整体发展相连。依据社会阶段的划分标准，德育的历史进程可大致分为古代德育与现代德育。当然，古代德育与现代德育作为德育历史发展的两个阶段绝不是截然分离的，也不是毫无关联的，而是两个连续的、有机的组成部分。从古代德育向现代德育的转变也不是瞬间发生的，而是经历了漫长的、徘徊的发展阶段。

1. 作为历史形态的古代德育

每一种教育形式都反映了社会发展的要求，理解德育也要从理解社会背景开始。以农业文明为主的古代社会塑造了古代德育的一般特征。在这一时期的社会发展中，除了原始社会，古代社会主要是以农业文明为主的社会阶段，其社会基本特征为：生产工具以手工工具为主，农业成为主导性或支柱性产业；私有制开始出现并逐渐占主导地位；社会日益分化为两个对立的阶级，阶级压迫和阶级斗争成为社会发展的重要动力；人与人之间的关系多为人身依附关系甚至是直接占有关系。

古代社会的教育主要有以下特征：第一，古代学校的出现和发展。学校的出现意味着人类正规教育制度的诞生，是人类教育文明发展的一个质的飞跃。第二，教育的阶级性的出现和强化。教育的阶级性不仅体现在教育权和受教育权上，而且还体现在教育目的、教育内容、教育方法、教师选择与任用等方面。事实上，在等级制为基础的古代社会，教育体系同样展现出了强烈的阶级性，并形成了特殊的官学教育体系。

整体看来，无论是在古代的学校教育还是在古代的家庭教育中，道德教育都是最重要的教育内容，知识传授的最重要目的也是为了培养"有道德"的人。不管是我国古代以培养"君子"为目的的教育，还是西方古代社会以培养"绅士"为目的的教育都印证了这一观点。从古代德育的形态来看，主要有两大类，一是存在于人类社会早期的习俗性德育，二是长期占据统治地位的古代学校德育。以下将分别呈现这两种最重要的德育形态。

先说习俗性德育。习俗在古代社会的日常生活中发挥着极其重要的社会功能。习俗既维持了社会的日常运转，又不断地调节个体的行为方式和思想观念，从这一角度上来说，古代社会的习俗具有道德规范的教育功能。所谓习俗性德育，也就是人类社会早期以习俗性道德为教育内容，并通过习俗与生活去实施的道德教育形态。

习俗性德育主要有以下特点：第一，在原始社会，维护氏族、部落的团结或存在是整个社会最重要的任务之一，道德教育作为调解社会成员之间关系的有效手段，成为维护社会存在的重要组成部分，道德教育也就成为了教育的核心内容，并具有人人参与的全民性特征。第二，在原始社会，由于劳动、生活、教育是一体的，道德教育以培养年轻一代对神灵、首领的虔敬，对年长者的尊敬，对氏族与部落的责任的理解，对原始宗教仪式的掌握以及形成其他社会习俗所鼓励的道德品质等为主要目标，因此，德育在习俗中存在并以习俗的传承为主要内容，如儿童通过日常生活以及参加宗教或节庆的仪式、歌舞、竞赛等形式接受道德教育。在史诗《伊利亚特》和《奥德赛》中，希腊人歌颂了诸如虔敬、好客、勇敢、节欲、自制等品德，其中最受重视的是虔敬和对父母的孝顺。第三，习俗性德育的突出特点就是它的"生活化"。由于它与生活一体、一致，其潜移默化的德育效果往往是体制化的现代学校德育所难以望其项背的。与此同时，习俗性德育往往非常生动，不少活动具有生活的美感。美国教育学家布鲁柏克（J. S. Brubacher）指出："希腊时期的宗教在人们心目中留下的美感要多于敬畏，它在教育上的影响力与其说是教条性的或道德性的，不如说是仪典性或调解性的。"① 在中国，西周教育以礼教为中心，但也是礼、乐互补，正如《乐记》所说的实行所谓"乐所以修内，礼所以修外"的美育策略。时至今日，在节庆、聚会中实现的德育也同样具有生活化和生动活泼的特点。因此，"有效""有趣"是习俗性德育的突出优点。但这一形态的道德教育的缺点也是十分明显的，其缺点恰恰来源于它的"生活化"特点，即除了德育的自觉性、系统性较差之外，习俗性德育的缺点主要是实际上的强制性和非批判性。由于习俗道德是道德教育的内容，它具有全社会认同、"天经地义"不容置疑的性质。在古希腊，智者们受到排挤、打击，苏格拉底甚至因"煽动青年"的罪名被处死就是明证。除了不容许批评之外，对那些不合规矩的行为的惩罚被认为是理所当然的。"尽管宗教并没有令人敬畏的性质，然而希腊人却毫不犹豫地把敬畏与肉体惩罚当作了一种有益的手段，借以帮助人们使个人符合道德的社会准则。"② 所以，习俗性德育只能算是德育发展的一个原初的起点。

习俗性德育形态在学校教育产生之后仍然以不同形式得以延续。"古罗马的道德教育同样是一种民俗性或习俗性的品德教育……那些强化道德品质的宗教仪式主要以家庭中的守护神和家神为主要对象，由于这类要求都十分严格，因而家庭中的宗教教育对儿童的影响很大。"③ 与此相似，中国先秦时期学校教育中所开设的课程"六艺"——礼、乐、射、御、书、数中，与道德教育关系密切的礼、乐之教实际上也具有非常浓重的仪式、习俗的色彩。《周礼·师氏》中记载，国学要教国子以"三德""三行"。其中，"三行"是："一曰孝行，以亲父母；二曰友行，以尊贤良；三曰顺行，以事师长。"乡学中则实行父子、兄弟、夫妇、君臣、长幼、朋友、宾客等七项人伦之教。不难看出，这些都是出自日常生活习俗的内容。在当代社会，肇始于原始社会的习俗性德育也以"民间德育""生活德育"的形式而广泛存在，如家庭生活及其故事对儿童的自然德育，庙会、节庆等群体性民俗活动、网络游戏中的德育影响等，都带有习俗性德育的特征。不过，由于人们往往将较多兴趣聚

---

① 约翰·S. 布鲁柏克. 教育问题史 [M]. 合肥：安徽教育出版社，1991：298.
② 约翰·S. 布鲁柏克. 教育问题史 [M]. 合肥：安徽教育出版社，1991：298.
③ 约翰·S. 布鲁柏克. 教育问题史 [M]. 合肥：安徽教育出版社，1991：298.

焦于学校德育，"民间德育""生活德育"等习俗性德育形态常常被教育研究所忽略。

再来看古代学校德育。这里的古代学校德育是指奴隶社会、封建社会的学校德育。这一阶段的学校德育呈现出神秘性、等级性、经验性等特点。其一，神秘性是指学校德育或多或少的"宗教或类宗教特性"。所谓"宗教或类宗教特性"是指包括德育在内的全部学校教育在世界的许多地区完全从属于宗教组织。在欧洲，"随着基督教成为官方宗教，最终它拥有了这样的权力：可以使异教学校要么关闭，要么被纳入到教会系统中来"。在印度，在伊斯兰世界，学校德育的情况基本相似。古代中国是一个例外，但人们也已将孔孟之道神圣化，将"儒学"变为"儒教"，也有"类宗教"的性质。"宗教或类宗教特性"还指道德教育内容和方式上的宗教性。由于学校教育受制于教会等宗教势力，将信仰与道德联系起来，在信仰的前提下谈道德学习成为这一时期学校道德教育的特征。在欧洲，世俗道德教育的目的是使人完善，为进入天堂做好准备。在中国，人们将道德规范的合理性归结于"天理"，道德教育最终成为一种"存天理，灭人欲"的窠臼，所以在德育方式上古代的道德教育具有某种神秘性质。一个有趣的例子是中国的大儒王守仁，为了"明天理"而到了"格竹致病"的程度。正是觉得格物的路子不对，王守仁才毅然另辟蹊径走向"复归本心"的心学理路，但心学同样具有神秘的性质。其二，等级性是指在古代社会，学校德育从教育者、受教育者到整个教育目的、教育过程均受制于上流社会或统治阶级的利益需要。由于生产力低下等原因，这一时期的学校教育的主体、目的和内容都从属于统治阶级。只有上流社会的子弟才有受教育的权利；只有属于统治阶级的僧侣、官员或从属于统治者的知识分子才有施教的权力；教育目的就是培养神职人员和官员等"治才"，教育内容也是围绕这一目的去组织。由于等级性的统治秩序维护的需要，也由于个人德性在统治效率上的作用（号令天下与表率天下正相关），这一情况导致的一个结果是对道德教育的高度重视。其造成的影响是，古代教育几乎等同于道德教育。在基督教世界，教育的目的是皈依上帝和人性的救赎，读、写、算等只是修养以及与上帝沟通的工具；在中国，德性始终是学校教育的首要主题，极端的时期还出现过"举孝廉"的例子；在印度，一个儿童能否被古儒接受，取决于孩子的德性——因为只有品德优良的人才有条件学习《吠陀经》，如此等等。其三，经验性包括两个方面：一是从德育实践的角度看，这一时期的道德教育较多采取不成规模的师徒授受方式进行，道德教育的内容也主要是对宗教或圣贤经典思想的解释、理解与实践。二是从教育思想的角度看，由于心理学、教育学时代尚未到来，有关德育的思想虽然很多，但是理念、猜想的成分居多，缺乏"科学"的证明。加之"第一是信仰，第二才是理性"① 的特性，这一时期的学校德育有更多的专制色彩，而逐渐失去了习俗性德育原本存在的生动性。儿童往往被认为是"欺骗上帝的小滑头"，因此，"为了不让孩子堕落，把他们的意志彻底粉碎吧！只要他刚刚能够说话——或者甚至在他还根本不能说话的时候——就要粉碎他的意志。一定要强迫他按命令行事，哪怕因此而不得不连续鞭打他十次。"② 因此，牺牲理解、强调记诵是全部教育也是这一时期德育的主要特征之一。

2. 作为发展形态的现代德育

以机器大工业生产为主要特征的现代社会，完成了人类生产方式的转变，也完成了社会形态从农业社会到工业社会的过渡。现代社会发展至今，愈来愈展现出其社会的复杂性和多样性，经济发展的现代化只是现代化过程中的一个方面，文化发展的现代化、政治体制的现代化逐渐被重视，但归根结底都要实现人的现代化。"人的现代化"这一最终目的的实现终究要依靠教育，尤其是要依靠道德教育。因此，在现代社会中，德育内容和德育目标又发生了相应的变化。

现代社会主要是以工业文明为主的社会阶段，其社会的基本特征是：生产工具以机器大工业为主，科学技术的进步成为工业生产的基本动力；社会关系从人身依附关系逐渐转变为物的依赖基础上的人的独立个性之间的交往关系；日益健全的法律与道德或宗教一同成为社会生活的基本行为准则；科学技术得到了巨大的发展，成为一种推动社会进步的革命性力量。

现代社会的教育主要有以下特征：第一，现代学校的出现与发展。现代

---

① 约翰·S. 布鲁柏克. 教育问题史 [M]. 合肥：安徽教育出版社，1991：305.
② 约翰·S. 布鲁柏克. 教育问题史 [M]. 合肥：安徽教育出版社，1991：308.

学校在体系上更加完备，类型上更加多样，层次上更加清晰，性质上也更加世俗化。就教学组织形式而言，现代学校普遍实行班级授课制的集体教学形式，极大地提高了教学效率。第二，教育的生产性日益突出。教育对经济发展的贡献日益显著，教育的生产性和经济功能得到了世界各国政府充分的重视，教育改革作为经济发展的战略性条件逐渐被重视。第三，教育的公共性日益突出。教育逐渐成为社会的公共事业，师生关系也由古代社会的不平等关系转变为工业社会的民主关系，由绝对的教师中心走向教师指导和帮助下的学生自治。第四，教育的终身化和全民化理念成为指导教育改革的基本理念。教育不只是局限于学龄阶段，而是贯穿人的一生；教育也不再只是年青一代的专利，而是所有社会成员的基本需要。

现代学校德育主要是指18世纪西方资产阶级革命完成以来的学校德育。现代学校德育具有世俗化、民主化、科学化的特征。首先，学校德育的世俗化，主要是指宗教教育与学校德育的分离。在中世纪或古代教育中，学校德育往往受制于宗教势力。道德教育的目标、内容、方法等等都带有宗教性质。近代以来，一方面由于资产阶级政治革命导致政教分离原则的产生，国家夺回了对于教育的控制权；另一方面的原因是宗教本身，在欧洲和美国都存在着基督教的不同流派，促使宗教与学校教育分离的部分原因起源于不同教派的冲突。就像政治上公民教育不允许偏向某一个政治团体一样，为了避免教派冲突对学校教育的干扰，欧美各国的公立学校在不同程度上实行了宗教与教育的分离——其实质性的内容之一就是宗教教育与道德教育的分离。这对于学校德育具有划时代的意义，学校德育无需再到上帝那里寻找根据；原罪说等宗教意识对德育的消极影响也有了削弱的可能性。宗教教育与道德教育的分离为学校德育的民主化与科学化提供了重要的基础。学校德育的民主化与整个政治的民主化、教育自身的民主化是联系在一起的。其次，近代以来教育的重要特征之一是学校教育的普及、高等教育入学率不断提高、终身教育体制的建立等，即宏观上作为宪法中政治民主的重要内容之一——平等受教育权的落实。此外，德育的民主化还包括教育过程之中的微观民主的实现，即对于学校德育目标、内容、方法、途径等方面民主化的追求。后者促进了平等受教育权等宪法权利的具体实现。现代教育的培养目标已不再是上层阶级——神职人员、管理人才等,而是民主社会的全体公民。参与教育活动的主体——教与学双方都已经平民化、平等化。教育的依据不再是天命或者上帝,而是社会发展、个体成长的现实需要。从卢梭(J. J. Rousseau)、裴斯泰洛齐(J. H. Pestalozzi)、福禄贝尔(F. W. Frobel)到杜威(J. Dewey),许多教育家都为这一进程做出了杰出的贡献。人们最终认识到,民主政治应当比任何一种社会更热心道德教育。这是因为一个民主的政府,除非选举人和被统治者都接受过良好的教育,否则民主政治将无从实现;民主不仅是一种政府的组织形式,更是一种联合生活的、一种共同交流经验的生活方式。[①] 再次,科学化是真正自觉德育时代的必然前提,对于德育的历史发展具有划时代的意义。学校德育的科学化的内涵主要有三个方面。一是由于学校德育的世俗化,德育的合理性、德育理论的依据避免了神学化的命运。道德教育成为人们关心的现实领域,不再具有古代社会的神秘性质。二是伦理学、心理学、社会学等近代科学的发展为学校德育问题的解释与解决提供了崭新的思路与可能,德育成为科学实践的组成部分之一。学校德育的组织化则是德育科学化的第三个表征,主要是指班级授课制为代表的近代教育体制给德育带来的影响。以班级授课制为契机,学校德育不仅在效率上比过去的"学校"教育有了较大的提高,而且使学校成为一个与家庭和社会都不相同的学习集体生活的特殊场所。这为道德教育带来了积极社会化的意义,但也带来了德育忽视个性、过度理性化的弊端。

从社会历史发展的角度分析教育的历史变迁状况和德育的历史发展过程,可以让我们更加清晰地认识到影响德育形态的社会历史因素。事实上,对德育历史形态的分析有着重要的意义。首先,对德育历史形态的分析有助于对习俗性德育形态的深入研究。与学校德育相对,原始德育及其当代形态——"民间德育""生活德育"实际上是范围更广、意义更为深远的德育形态。将习俗性德育与学校德育进行比较分析,在学术上有利于完整追溯学校德育发展的理论与现实的源头,全面解释学校德育及其发展。因此,开展民俗学、文化学意义上的德育研究有现实的理论意义。此外,虽然习俗性德育有其实

---

① 杜威. 民主主义与教育 [M]. 北京:人民教育出版社,1990:92.

际上的强制性和非批判性等明显的缺陷，与体制性的学校德育相比，其教育的科学性、系统性也存在很多问题，但是习俗性德育也同时具有生活化和美感的特征，并具有"有效""有趣"等突出优点。当代社会，各国学校教育普遍面临如何克服德育体制化、唯智化、呆板化等缺点的时代课题，对习俗性德育形态的深入研究有助于当代学校德育从历史和现实的习俗性德育中吸取生活气息与教育灵感，扬长避短，提升其实际效能。从另一方面看，在当代社会，世界各国还普遍面临学校德育与社会、家庭德育结合的诸多困难。如果我们能够对习俗性德育这一形态有深入的理解，则学校德育与社会德育和家庭德育机械、强制的结合方式（如勉强成立家校合作委员会、社区德育委员会，强制性开展德育合作）就应当转化为学校德育对社会德育、家庭德育资源更为顺其自然的衔接、发掘和开发利用。因为在校园之外，家庭、社会生活中的德育本来就一直存在，始终发挥着习俗性德育的教育影响。其次，对德育历史形态分析有助于对学校德育古代与现代形态进行深入的比较研究。如前所述，古代（奴隶社会、封建社会）学校德育具有神秘性、等级性、经验性等特征，现代社会的学校德育则是处在不断世俗化、民主化和科学化的进程之中。现代社会实际上并存资本主义、社会主义两种社会形态，尽管两种社会的德育形态存在巨大的差异，但不断实现世俗化、民主化、科学化是所有现代学校德育形态及其发展的共性。中国作为一个发展中的东方国家，一方面有着深厚的儒家伦理等传统文化积累，另一方面则致力于中国特色社会主义建设，这些因素都使得中国当代德育形态具有独特个性。在走向现代化的征途中，德育从神秘性逐步走向世俗化，从等级性逐步走向民主化，从经验性逐步走向科学化是其发展的关键和必然趋势。虽然我国德育在民主化、科学化的道路上已经取得了不少进步，但是更高程度的民主化、科学化仍然是今后我国德育发展的努力方向。

二、学校德育的概念考证

在论述德育的发展历史之后，我们会发现"德育"这一概念在历史上经历了从内容到形式上的不断调整与变化。现在，回到概念本身来做进一步的分析和探讨。

1. 词源学意义上的德育

首先，在国外德育就等同于道德教育，都是指称"Moral Education"，但是在国内德育的概念更为复杂一些，德育不仅包含了道德教育，还被赋予了其他的内容。在《教育大辞典》中也对中外德育的区分做了解释，即把"德育"定义为"旨在形成受教育者一定思想品德的教育。在社会主义中国包括思想教育、政治教育和道德教育。在西方，一般指伦理道德教育以及有关的价值观教育"。① 对于"道德教育"，《教育大辞典》中界定为："通常来说，道德教育是形成人们一定的道德意识和道德行为的教育，其任务是提高道德认识，陶冶道德情感，锻炼道德意志，确立道德信念。"② 檀传宝在分析了传统德育定义的"转化理论"之后，认为德育应该强调个体的自主建构，进而将德育定义为："德育是教育工作者组织适合德育对象品德成长的价值环境，促进他们在道德认知、情感和实践能力等方面不断建构和提升的教育活动。简言之，德育是促进个体道德自主建构的价值引导活动。"③

其次，"学校德育"的概念应该顺承"德育"的概念，加上"在学校范围之内"的限定。在国内研究中，对"学校德育"有两种定义方式。一种是顺应传统中对"学校教育"的定义，强调"教育者、受教育者、有计划有目的有组织"等要素，典型的是胡厚福的定义："学校德育是教育者根据社会的要求和受教育者品德形成发展的规律与需要，有目的有组织有计划地系统地对受教育者施加一定的社会的思想道德影响，并通过其品德内部矛盾运动，使其养成教育者所期望的品德的活动。"④ 另外一种定义方式，是强调"学生、教师、学习"等要素，比较典型的定义有："学校德育，一般来说，学生在教师的教导下，以学习活动、社会实践、日常生活、人际交往为基础，同经过

---

① 顾明远，主编. 教育大辞典（增订合编本）[M]. 上海：上海教育出版社，1998：249.

② 顾明远，主编. 教育大辞典（增订合编本）[M]. 上海：上海教育出版社，1998：236.

③ 檀传宝. 德育原理 [M]. 北京：北京师范大学出版社，2006：6.

④ 胡厚福. 德育学原理 [M]. 北京：北京师范大学出版社，1997：112.

选择的人类文化,特别是一定的道德观念、政治意识、处世准则、行为规范相互作用,经过自己的感受、判断、体验,从而生成道德品质、人生观和社会理想的教育。"①

2. 理解学校德育的关键点

理解"学校德育"需要把握两个关键点:其一,可以借鉴"守一而望多"的原则②,即在严格意义上,德育只能指道德教育;同时,考虑到国内德育的实际情况,不否认道德教育与思想教育、政治教育等内容的关联。其二,当我们论及学校德育,也绕不开学校德育的现实问题,因此,凡是在学校范围内发生的,由教育工作者组织适合德育对象品德成长的价值环境,促进他们在道德价值理解和道德实践能力等不断建构和提升的教育活动都称之为学校德育。

国内德育研究者在给"德育"下定义的时候,会遭遇"大德育和小德育"的问题。"大德育"是指广义的德育,包括了道德教育、思想教育、政治教育,甚至包括了法制教育、心理教育等等。"小德育"是指狭义的德育,即道德教育。这是德育研究在面向实际时必须面对的一个基础问题。理解"大德育"与"小德育"的相关问题可以借鉴人类学研究中的"大传统"与"小传统"的范式。在人类学的研究中,罗伯特·芮德菲尔德曾提出了"大传统与小传统"的概念,他认为:"在某一种文明中,总会存在着两个传统:其一是一个由为数很少的一些善于思考的人们创造出的一种大传统,其二是一个由为数很大的、但基本上是不会思考的人们创造出的一种小传统。大传统是在学堂或庙堂之内培育出来的,而小传统则是自发地萌发出来的,然后它就在它诞生的那些乡村社区的无知的群众的生活里摸爬滚打挣扎着持续下去。"③在历史学的研究中,有学者也提出了"大历史与小历史"的问题:"这里的所谓'小历史',就是那些'局部的'历史,比如个人性的、地方性的历史,也是那些'常态的'历史:日常的、生活经历的历史,喜怒哀乐的历史,社会

---

① 王道俊,郭文安. 教育学[M]. 北京:人民教育出版社,2009:280.
② 参考:檀传宝. 学校道德教育原理[M]. 北京:教育科学出版社,2015:4—5.
③ [美]罗伯特·芮德菲尔德. 农民社会与文化:人类学对文明的一种诠释[M]. 王莹,译. 北京:中国社会科学出版社,2013:95.

惯制的历史。这里所谓大历史，就是那些全局性的历史，比如改朝换代的历史、治乱兴衰的历史，重大事件、重要人物、典章制度的历史等等。"① 不管是"大传统与小传统"，还是"大历史与小历史"，都是启示研究者要关注到普通民众的日常生活，关注到底层民众的民间文化。

提出"大德育与小德育"的意义，不仅仅在于对概念的解释和解读，更重要的是对德育研究视野的一种拓展，是为德育研究提供一套新的认识途径和理解思路。以往研究中，我们过多地将精力放在学校德育之中，甚至狭隘地将德育局限于学校德育的范畴之内。尽管，在之前模仿"学校教育、家庭教育和社会教育"的三分法提出了"学校德育、家庭德育和社会德育"的区分，但是这样的区分并不能很好地解释德育在历史发展和社会变迁中的整体格局，也会遭遇到现实生活中的一些实际问题。因此，在未来的德育研究中，要突破学校的框架，走出学校的围墙，关注生活，关注日常，不仅仅要关注到在当前道德教育中占据主导位置的"大德育"，更要关注发挥着潜移默化作用的"小德育"。

第二节 学校德育的任务

在回答了"学校德育是什么"的问题之后，我们需要进一步探讨"学校德育为了什么"和"学校德育能够干什么"的问题。前者涉及学校德育的目标，后者涉及学校德育的功能，二者统一构成了学校德育的任务。

一、学校德育目标

在教育研究中，"培养什么人"是核心问题之一，是阐释教育目的的关键

---

① 赵世瑜. 小历史与大历史：区域社会史的理念、方法与实践 [M]. 北京：生活·读书·新知三联书店，2006：10.

问题。不管是班主任工作还是学校德育工作，都离不开对这一核心问题的理解和回答。进一步聚焦，就是要回到学校德育的目标问题。学校德育作为培育人的品德的活动，培育什么样的品德，这是学校德育目标要回答的问题。德育目标是德育活动的出发点和最终归宿，是确定德育内容、选择德育方法、评价德育效果的依据。因此，确定学校德育目标是开展学校德育工作的首要问题和根本问题。

1. 德育目标的定义

在学术界，对于德育目标的定义争议不大，基本观点上是一致的。主要观点如下：胡守棻认为，德育目标是教育目标在人的思想品德方面的总体规格要求，是预期的德育结果。[1] 鲁洁、王逢贤认为，德育目标是教育目的的重要组成部分，是教育目的的具体化，是教育目的在德育方面的具体要求；所谓德育目标，就是指一定社会对教育所要造就的社会个体在品德方面的质量和规格的总的设想或规定。[2] 胡厚福认为，德育目标是教育者通过德育活动在促进受教育者品德形成发展上所要达到的规格要求或质量标准。[3] 总体看来，关于德育目标的定义在这三个维度上保持了一致：其一，从目标的维度来说，将德育目标理解为一种预期的要求、设想或规定，是需要通过活动达到的价值追求；其二，德育目标是对个体的人的发展的品德素质要求，这种要求是以对个体的理解与把握为前提的；其三，德育目标具有一定的社会性，体现了社会发展的基本要求。具体到学校德育的目标，可以延续对德育目标的认识和理解，加上两种限定，一是在学校范围内发生的，二是通过学校教育活动能够达成的。即，学校德育目标是指社会对学校教育在学生品德方面的规定和要求，是指个体通过学校教育所能达到的品德层面的发展状况。

在探讨德育目标的过程中，经常遇到德育目的与德育目标两个概念。也有学者对德育目的进行研究。德育目的就是德育活动预先设定的结果和德育活动追求的终极目标，是德育活动所要生成或培养的品德规格。[4] 在日常生活

---

[1] 胡守棻. 德育原理 [M]. 北京：北京师范大学出版社，1989：83.
[2] 鲁洁，王逢贤. 德育新论 [M]. 南京：江苏教育出版社，2010：143.
[3] 胡厚福. 德育学原理 [M]. 北京：北京师范大学出版社，1997：188.
[4] 檀传宝. 德育原理 [M]. 北京：北京师范大学出版社，2007：123.

中，人们通常把德育目的和德育目标等同使用。但严格说来，两者之间还是有差异的。德育目的是指人们依据一定社会的需要，对德育对象思想品德应达到的终极目标之规定；而德育目标则是德育实践过程中为了实现德育目的而设置的具体标准。德育目的具有指导性，是原则、方向；而德育目标则是德育目的的具体化，具有可操作性、标准性、层次性。

2. 学校德育目标的具体化与一体化

依据个体发展的阶段性，学校教育设置了不同的学段。我国普遍采用"六三三"学制，即小学阶段六年、初中阶段三年和高中阶段三年。学校德育目标依据不同的学段也存在着分层、分段的问题。同时，人的发展又是一个连续的过程，学校德育也要考虑到前后学段的衔接问题，要考虑到同一教育内容在不同学段的要求与表达问题，这就要求学校德育目标要确保一体化的设计与考量。

从具体化的角度来说，要考虑到学校德育目标的层次问题。合理考量处于不同发展阶段的学生的实际情况，包括个体的理解能力、接受能力、判断能力等，根据学生品德发展的实际情况来设置不同的德育目标。以思想政治理论课的课程目标为例，在不同的学段所侧重的目标有着较为明显的差异，如表2-1所示。

表2-1 不同学段思想政治理论课的课程目标表述[①]

学段	课程目标
高中	高中阶段重在提升政治素养，引导学生衷心拥护党的领导和我国社会主义制度，形成做社会主义建设者和接班人的政治认同。
初中	初中阶段重在打牢思想基础，引导学生把党、祖国、人民装在心中，强化做社会主义建设者和接班人的思想意识。
小学	小学阶段重在启蒙道德情感，引导学生形成爱党、爱国、爱社会主义、爱人民、爱集体的情感，具有做社会主义建设者和接班人的美好愿望。

从一体化的角度来说，要考虑到学校德育目标的衔接问题。学校德育目

[①] 参考：中共中央宣传部、教育部在2020年12月印发的《新时代学校思想政治理论课改革创新实施方案》有关内容。

标的设定应当遵循"层层递进、螺旋上升"的基本原则。但是，在实践层面要落实这一原则，必须设定一个核心线索，否则就会出现每个学段"各自为政"的现象。学校德育目标需要突出学生发展为中心的基本逻辑，在目标的设定和表述上需要注重以下三点：其一，要遵循学生思想道德的发展规律；其二，要突出学生发展阶段之间的递进关系；其三，要处理好德育目标的理论维度与实践维度之间的关系。

二、学校德育功能

学校德育功能回答的是"德育能够干什么"的问题，是德育价值和目的的保障，是制定德育目标、规划德育内容和选择德育方法的前提和基础。依据功能发挥的对象，学校德育功能总体上由社会性功能、个体性功能和教育性功能构成。

1. 学校德育的社会性功能

学校德育的社会性功能指德育对社会发展所能产生的客观作用，即德育的经济功能、政治功能、文化功能和自然性功能。其一，德育的经济功能是指德育通过培养受教育者特定思想政治道德素质来实现对经济发展的推动作用。具体而言，德育对经济宏观作用是通过德育使受教育者形成一定的经济文化、经济思想、经济道德，以此影响社会经济生活、经济行为的价值取向；微观作用是培养劳动者主体意识、科技立国、全球观点、竞争意识、效益观念、时间观念及劳动积极性等等。[1] 其二，德育的政治功能就是德育通过培养受教育者特定思想政治道德素质来实现对政治发展的推动作用。其三，德育的文化功能体现在两个方面：德育的文化维系功能指德育具有使文化各要素发生协同作用，维持原有文化及其结构，保持文化相对稳定性的功能。德育的文化变异功能指德育能改变社会文化的内容与结构，促其不断发展；能对文化主体进行改造，改变其深层思想文化，最终引起文化变迁。[2] 其四，德育

---

[1] 鲁洁，王逢贤. 德育新论 [M]. 南京：江苏教育出版社，2010：232.

[2] 鲁洁，王逢贤. 德育新论 [M]. 南京：江苏教育出版社，2010：247.

的自然性功能指德育在保护自然、保护环境中的独特作用。

2. 学校德育的个体性功能

学校德育的个体性功能指德育对受教育者个体成长和发展所能够产生的实际影响。概括地说，德育对个体具有生存、发展和享用三个方面的功能。德育个体生存功能是指德育具有提升个体生存质量的作用。德育最根本的目标是赋予每个个体以科学世界观、人生观和价值观，使人具有"德性"和"德行"，这是人在社会生活中生存的基本需要。"所以从类的角度看，伦理规范乃是人自己为自己立法，是内在而非外在的东西。"① 德育个体发展功能是德育对个体品德结构发展所起的作用。德育个体享用功能是德育能使个体获得一种精神上的享受，是个体满足、快乐、幸福的体验过程。德育是让个体在道德学习和生活中阅读、领会并体验道德人生的幸福与崇高和人格的尊严与优越，因而具有审美的性质；学生践行道德，也可看作是道德人生的立美创造。个体享用性的发挥要求德育建立一种审美和立美教育模式。② 德育是一种道德追求活动，其内部更深层的价值表现于：在不断发展和完善人各种德性与道德人格的过程中，使人得到一种自我肯定、自我完善的满足。这要求德育实践尊重受教主体的自我价值，提高他们对社会需要的水平，指导他们从追求社会价值中去实现自我价值，使他们在学习、锻炼中得到成功的愉悦。

3. 学校德育的教育性功能

德育是做人的教育。促进人德性现代化是对现代德育最简洁的表述，也是关于现代德育的核心思想，它体现了以人为本的精神，即把人作为道德主体培养，促进人的德性发展。③ 所谓德育的教育性功能，就是德育的价值教育属性，实质是整个德育活动精神本质的实现。也就是通过教人做人，引导人学习做人，最终使人会做人。从教人做人的德育理念出发，不存在完全脱离教育价值的德与教学，也不存在没有德育任务的智育、体育和美育。教育活动价值全息性质意味着德、智、体、美诸育相互融通一体，共同承担着育人重任。在各育关系中，德育为其他诸育提供动力、方向和方法上的支持。

---

① 檀传宝. 学校道德教育原理 [M]. 北京：教育科学出版社，2000：31.
② 檀传宝. 学校道德教育原理 [M]. 北京：教育科学出版社，2000：33.
③ 班华. 近十年来德育思想现代化的进展 [J]. 教育研究，1999 (2)：18—22.

显而易见，德育的教育性功能，具体表现在教人做人的总目标和支持智体美诸育具体任务完成两个方面。

第三节　学校德育的实践

当前，学校德育在现实表征上是一个极其丰富的体系，贯穿于学校教育的方方面面，甚至有的教师认为"学校的事情除了教学都是德育"。事实上，要从实践层面上厘清学校德育，需要明确学校德育的机制等内容。

一、学校德育的机制

为使学校各项德育工作目标能够有序、高效地完成，就必须对其进行有效的管理。学校德育管理在很大程度上决定着德育的方向，在学校德育的各项工作中，处于极其关键的地位。从管理机制的角度来说，德育管理与教学管理、后勤管理等其他管理内容同时作为学校管理的重要组成部分，有其普遍性意义上的重要性。而德育管理由于事关学生品德发展，与学校育人功能直接相关，使其特殊性进一步突显。

1. 学校德育管理的组织架构

一般而言，多数学校管理沿用了"分管校领导—德育处—班主任"这种科层制的管理架构。近年来，也有部分学校开始尝试用"学生发展中心"替代"德育处"的部分职责。事实上，在这种科层制的管理机制上，最关键的是中间环节的作用。因此，厘清"德育处"的内在功能与职责是德育管理中最为重要的问题。

2017年8月，教育部颁布《中小学德育工作指南》，明确指出："学校要建立党组织主导、校长负责、群团组织参与、家庭社会联动的德育工作机制。学校党组织要充分发挥政治核心作用，切实加强对学校德育工作的领导，把握正确方向，推动解决重要问题。校长要亲自抓德育工作，规划、部署、推动学校德育工作落到实处。学校要完善党建带团建机制，加强共青团、少先队建设，在学校德育工作中发挥共青团、少先队的思想性、先进性、自主性、实践性优势。"其实，这其中就提出了学校德育管理的两条主线：一是"校长—分管副校长—德育处主任—班主任"的德育行政管理架构；二是"党建带团建"的机制，以共青团、少先队建设为主体的思想政治教育体系。二者共同构建了学校德育管理的组织架构。

其中，容易被忽视的是少先队工作的管理。随着少先队工作的改革，学校少先队管理工作逐渐呈现出相对独立的状况。学校少工委是学校少先队工作的领导机构。2017年，经党中央批准，共青团中央、教育部、全国少工委联合印发了《少先队改革方案》（中青联发〔2017〕3号），其中明确要求："推动中小学成立由党政领导、大中队辅导员和志愿辅导员、家长代表等参加的学校少工委。"学校少工委要通过学校少代会选举产生。中小学少工委办公室设在学校少先队大队部（中学可设在团委），由学校少先队大队辅导员兼任办公室主任。同时，学校可根据实际安排优秀年轻同志兼任少工委办公室相关负责人，参与学校少工委的有关工作。中小学少工委的主要职责包括：学校少工委在学校党委的领导下开展工作；积极争取学校党政支持，为少先队工作提供基本保障；要抓好中小学少先队基础工作；改革少先队教育和活动方式；要充分尊重少年儿童的自主性；健全激励机制；探索建设"网上少先队"；服务少年儿童成长需求；强化少先队工作专业支持。

目前，在实际工作中，学校德育的管理工作与学校少工委对少先队工作的管理既有交叉重叠，也有区分与独立。少先队工作改革使得学校少先队工作不完全依附于学校德育工作，可以向社会领域延伸。二者工作目的均是为了学生的全面发展，工作途径都需要依靠广义的教育或德育活动；二者在具体活动目标侧重点方面有所不同。从狭义的角度来看，德育活动是为了促进学生的道德品质发展，少先队活动是为了促进学生的政治社会化发展，实现对儿童的政治启蒙，即通俗所说，一个是为了培养"好孩子"，另一个是为了培养"红孩子"。在实际开展工作中，由于部分人员、时间、资源、活动主题等重合，二者具体活动也存在重合的状况，这也是合理的。二者共同促进人的自由和全面发展，为中华民族伟大复兴培育能够担当历史使命的时代新人。

2. 学校德育管理的原则

从教育现实出发，处理好控制与民主的矛盾关系，是解决德育管理的逻辑起点问题。要避免控制色彩过浓的问题，就需要管理者做好德育管理的定位工作，认识到德育管理的特殊性。处理好监督与激励的矛盾关系，则是解决德育管理的实现方式问题。单一的量化评价并不能达到激励的目的。建立多元化的评价体系则是德育管理实现方式的首选路径。而德育管理的最终目标的达成，需要平衡德育管理的消极惩戒功能和积极育人功能。消极惩戒只能部分解决行为规范的问题，而无法达成价值上的实质认同。挖掘德育管理的积极育人功能，是实现德育最终目标的最佳选择。

第一，处理好控制与民主的关系。一方面，统筹学校管理顶层设计，将德育管理融入学校整体管理之中。德育管理作为学校整体管理的一部分，需要妥善处理与学校其他管理领域的关系。当前，中小学管理中普遍处理不好的一对关系就是"德育与教学的关系"。事实上，这一对关系的平衡，最终取决于学校管理者对德育的认识和定位。另一方面，突出德育管理的道德性和特殊性，发挥管理本身的教育作用。之所以单独强调德育管理，正是因为德育管理自身的特殊性。学校管理者一定要认识管理本身的教育作用，合理的管理方式和管理手段所带来的积极影响不亚于直接的道德教育。甚至，有学者坦言"民主本身作为最好的教育"[①]，不仅具有重要的教育意义，更是一种教育生活的方式。

第二，处理好监督与激励的关系。学校必须改革现有以教学为主的评价体系，尝试建立一种多元化的评价体系，包括教师评价体系建设以及学生评价体系建设。第一是要建立以公正为基础的评价体系。公正的评价体系一方面建立在科学的评价指标之上，另一方面要兼顾不同利益群体。如前所述，单一的评价体系势必会带来种种消极影响。多元化的评价体系要求平衡广大教师对德育与教学的不同利益诉求，考虑到德育的特殊性，抛弃"德育为教学服务""教学为本"等种种错误且陈旧的观念体系，重新明确德育在学校中的地位和作用。公正的评价，其基本要义有二：一是平等原则，所有的人都

---

① 康永久. 教育学原理五讲[M]. 北京：人民教育出版社，2016：366.

应一视同仁地对待；二是差别对待原则，要对处境不利的学生给予特别的关照。为此，要在全校形成一个基本的教育理念：每个学生都受到适合自己的教育就是最公平、公正的教育。这就需要学校在现有以成绩为主的评价体系方面，增强多元评价的内容，为学生的全面发展提供更多的机会和条件。第二是要在德育评价中体现关怀原则。学校的德育管理不是以追求效率为导向的冷冰冰的企业管理，所以在学校德育管理中要体现出更多的人文关怀的一面。德育评价更是如此，在对学生的评价中要尽可能考虑到不同年龄阶段的学生的差异性，不可完全"一概而论""一以贯之"。对教师的评价要照顾到新任教师和年长教师，既要呵护新任教师的热情和积极性，同时要对年长教师给予更多的理解和认可。总体而言，关怀原则在具体实践中的落实，重点是要正确识别师生的真正需要，并在此基础上做出有效的回应。这就要求学校的管理决策能够广泛听取真实的意见。

第三，处理好积极育人与消极惩戒的关系。首先，德育管理应当以一种道德的方式展开，也就意味着德育管理要摒弃依赖于消极惩戒的做法，充分发挥积极育人的功能。挖掘制度本身的育人价值，保证制度的合理性，避免在制度设计上过多地使用"禁止性"和"惩罚性"的话语。其次，要重新审视德育管理的目标，从教育理念上重新确立德育管理的思路。事实上，赫尔巴特早就提醒我们，"教学如果没有进行道德教育，只是一种没有目的的手段，道德教育如果没有教学，就是一种失去了手段的目的。"学校管理者需要真正理解"道德是教育的最高目的""没有无教育的教学"的教育理念，不能将教育质量狭隘地理解为学生分数的提高，更不应该以"管理式""控制式"的方式来实现这一目的。否则，所谓的"向管理要效益""以时间换成绩"的做法一方面使得教师没有时间思考如何通过德育工作激发学生的内驱力，更为重要的是，这种教育方式在取得一定成绩之后使得部分教师认为这是行之有效的做法，从而成为学校发展方式变革的阻力。

二、学校德育课程

德育课程是德育目标得以实现的中介和载体，而德育内容体系的科学建构，最终也要体现在德育课程之中。因此，德育课程理论是德育原理的一个核心内容。

1. 理解德育课程

西方对德育课程进行广泛而深刻的研究始于1960年代，而在中国，对德育课程的研究起步较晚，一些早期的德育著作和教材都未对德育课程进行专题研究。到了1990年前后，德育课程才作为一个重要问题进入学者的研究视域，一些德育著作开始在书中专章论述此问题。

（1）"德育课程是具有育德性质和功能因而对受教育者思想品德发展有影响作用的教育因素，是整个教育课程的有机组成部分。"①

（2）"德育课程是道德教育内容或教育影响的形式方面，是学校道德教育内容与学习经验的组织形式。"②

（3）"德育课程是指一切具有道德教育性质、道德教育意义和作用、对学生品德发展有影响力的那些教育因素。"③ 德育课程就是"为了促使学生形成某种品德，由一切对学生品德发展有影响力的教育因素组成的规划和内容的综合"。④

综合以上，可知对德育课程的理解分为广义和狭义两个方面：所谓广义的德育课程是指一切具有道德教育性质、道德教育意义和作用、对学生品德发展有影响的教育因素；所谓狭义的德育课程是指学校为实现德育目标，有组织、有计划地以各种方式和方法，对受教育者思想品德产生影响的各种教育因素的总和。

2. 学校德育课程的分类

由于研究者们采用的分类标准不同，进而产生了各种德育课程名称。既可以按照课程管理的层级和方式，将学校德育课程划分出国家课程、地方课程和校本课程；也可以按照课程的呈现方式，区分出学科课程的不同样态。以下，我们就几种比较典型的学校德育课程展开说一说。

---

① 班华. 现代德育论 [M]. 合肥：安徽人民出版社，2001：157.
② 檀传宝. 学校道德教育原理 [M]. 北京：教育科学出版社，2000：116.
③ 戚万学，杜时忠. 现代德育论 [M]. 济南：山东教育出版社，1997：289.
④ 戚万学，唐汉卫. 学校德育原理 [M]. 北京：北京师范大学出版社，2012：178.

（1）认识性德育课程。认识性德育课程，是学校于正式课程之中规定的德育课程，是系统传授和学习有关道德的、思想政治的知识、观念、理论，以促进受教育者思想道德认识、观念、理想乃至道德情感、意志、行为习惯的形成与发展的课程。[①] 认识性德育课程的主要功能在于传授道德知识，发展道德认识能力。

（2）活动性德育课程。活动性德育课程又称实践性德育课程，是"以学生为中心，实践活动为载体，以学生直接经验获得为主要内容的一种课程形式，是学生在实践活动中接受综合知识或经验为主要内容的一种组合方式"。[②]

（3）学科德育课程。学科德育课程是以学科为中心来编制的课程。学科德育课程是中国唯一的有专门的教材、教师、固定时空环境的一种课程类型，它是学校道德教育的基础和主要的课程类型。其主要任务是通过正规的课堂教学，帮助学生系统地把握、内化基本的道德知识、价值规范，提高道德认知能力，激发丰富道德情感体验，促进他们形成良好、积极的世界观、人生观和价值观。从世界现当代德育发展的趋势来说，学科德育课程越来越得到肯定。[③]

（4）隐性德育课程。隐性德育课程是指广泛存在于课内外、校内外教育活动中间接的、内隐的，通过社会角色无意识的、非特定心理反应发生作用的德育影响因素。简单说就是学校通过或创设一定的教育环境，对学生进行一种间接的教育性经验的传递与渗透。"道德教育如不关心隐蔽课程，期望得到满意效果是不可能的。"[④]

（5）校本德育课程。校本德育课程又称"学校本位课程"或"学校自编课程"，即由学生所在学校的教师编制、实施和评价的课程。具体地说，校本课程是某一类学校或某一级学校的个别教师、部分教师或全体教师，根据国家制定的教育目的，在分析本校外部环境和内部环境的基础上，针对本校、

---

① 班华. 现代德育论 [M]. 合肥：安徽人民出版社，2001：163.
② 余双好. 实践德育课程建设的基本构想 [J]. 思想·理论·教育，2003（6）：39—45.
③ 檀传宝. 学校道德教育原理 [M]. 北京：教育科学出版社，2000：125.
④ 鲁洁. 德育社会学 [M]. 福州：福建教育出版社，1998：314.

本年级或本班级特定的学生群体编制、实施和评价的课程。校本德育课程的研究开发和实施已成为现代课程的一个发展方向。

三、学校德育的模式与方法

1. 学校德育模式

德育模式是在一定理论指导下，遵循德育过程规律而形成的比较稳定的教育程序及其方式方法的策略体系。它上承德育理论观点，下启德育具体实践，是连接德育理论与德育实践的桥梁和纽带。关于德育模式的研究，理查德·哈什（Richard H. Hersh）等人合著的《道德教育模式》一书在全球产生了较大的影响。他们认为："道德教育模式是一种考虑教育机构中关心、判断、行动的方式。"[1] 国内关于德育模式比较具有代表性的表述如下。

（1）有学者提出，德育模式其实就是一种教育模式，是运用"模式"研究法，对在德育现象中逐步形成的、相对稳定的、较为系统而具有典型意义的德育经验加以抽象化和结构化，使之形成特殊的理论形态，亦即在一定德育理念支配下，对德育过程及其组织方式、操作手段、评价机制等作出特征鲜明的简要表述。[2]

（2）有学者认为，德育模式实际是指在德育实施过程中道德理论与德育理论、德育内容、德育手段、德育方法、德育途径的某种组合方式，它为人们观察、理解和思考德育提供了种种综合方式。[3]

（3）也有学者认为，道德教育模式是在理性认识上形成的，是一种由道德教育过程中诸多内外因素所构成的复杂的本质成分折射出来的。这些内外因素主要有各种不同道德教育目的、要求、内容、过程、方法，以及预期性效果。[4]

---

[1] 理查德·哈什，等. 道德教育模式 [M]. 北京：学术期刊出版社，1989：8.
[2] 班华. 现代德育论 [M]. 合肥：安徽人民出版社，2001：238.
[3] 黄向阳. 德育原理 [M]. 上海：华东师范大学出版社，2000：211.
[4] 李伯黍，岑国桢. 道德发展与德育模式 [M]. 上海：华东师范大学出版社，1999：3.

从上述德育模式的概念界定可以看出：一方面，德育模式有别于德育方法和德育手段，德育方法和德育手段是构成德育模式的细节，是德育模式具体的操作形式，两者不在同一层面；另一方面，德育模式也有别于德育理论和德育理念，它不仅蕴涵了德育思想观念和理想追求，而且还蕴含着结构、程序、原则、方法、策略等实践层面的要素。

2. 学校德育方法

在学校德育实践中，对教师而言，特别是对班主任来说，更重要的是想了解究竟应该如何开展德育。班主任会经常反问教育研究者："你不要讲那么多深刻的道理，我就想知道到底怎么做。"不是理论研究者不研究"怎么做"的问题，而是很多人并没有真正认真思考这个问题。"怎么做"事实上就是一个方法的问题，就是一个如何通过手段达成目标的过程，也就是我们常说的"德育方法"。

从学校德育的主体来看，可以把主要的德育方法分为三类，即直接交流的方法、环境影响的方法和自我修养的方法。

第一，直接交流的方法。直接交流的方法是最为常用的德育方法，也是在思想政治理论课（品德课）中最为常见的教学方法。其主要特点在于师生双方之间的直接沟通与交流。其中，讲授法指教师用语言表达的方式，向学生传授知识、讲解内容、传递价值观念的方法。谈话法是通常以教师为主导的表达形式，教师针对某一问题和学生采用问答形式来呈现。讨论法则是师生双方围绕某一主题或话题进行交流的过程，是对等的交流方式。

第二，环境影响的方法。环境影响的方法主要是创设一种情境，让学生在环境的感染与陶冶下自然获得成长的方法。环境影响的方法要注意三个方面的问题：一是要创设真实的情境，要让学生在情境中体验到真实性，才能够调动学生的情绪；二是要引发学生的情感共鸣，要让学生在情境中有所触动，真切体验到情感上的变化；三是要强化教师的引导，教师要全程参与到教育过程中，在恰当的时机进行合理的引导，以实现效果的最大化。

第三，自我修养的方法。自我修养的方法主要是由学生自己完成道德上的体悟，对自身行为进行反思并获得改进的教育方法。这一方法对师生双方均提出了相应的要求。对教师而言，要善于对学生设问、引导、启发，使学生的反思与提升朝着正确的方向发展；对学生而言，要具备一定的反思能力与认知水平，因此，自我修养的方法对中高年级的学生更为适用。

当然，方法并不是唯一的，也不是确定的。在真实的德育实践中，班主任或教师究竟采用何种方法取决于教育目标和教育对象，要依照目标定方法，依照时机定方法，以实现更好的教育效果。

推荐阅读：

1. 鲁洁. 生活·道德·道德教育［J］. 教育研究，2006（10）：3—7.

2. 戚万学. 现代西方道德教育理论研究［M］. 北京：人民教育出版社，2020.

3. ［法］迪尔凯姆. 道德教育［M］. 陈光金，译. 上海：上海人民出版社，2006.

思考题：

1. 2017年，中共中央办公厅、国务院办公厅国家印发《关于深化教育体制机制改革的意见》，提出要构建以社会主义核心价值观为引领的大中小幼立德树人一体化体系，针对不同年龄段学生，科学定位目标，合理设计内容、途径、方法，层层深入、有机衔接，推进道德教育内化于心、外化于行。

请思考，站在推进"德育一体化"的角度，作为班主任的你针对所处学段的学生有何作为？

2. 从德育历史演进的角度思考，你认为当前学校德育最重要的任务是什么？

第三讲　班主任需要哪些德育理论？

> **本讲导读：**
>
> 作为学校德育最直接的承担者，班主任每天与学生密切接触，承担着学生思想道德教育和学生管理工作。为了做好班主任工作，班主任需要掌握一定的德育理论。如何促进学生的道德思维成长，如何帮助学生养成行为习惯，如何营造良好的情感氛围，如何进行班级教育，这些都是班主任日常面临的德育问题。班级教育的本质在于集体教育。根据侧重点的不同，德育理论常常被划分为认知取向的德育理论、情感导向的德育理论和行为导向的德育理论。这些流派的德育理论均可以为班主任提供重要的指导和参考，本讲将对这些理论进行介绍。

班主任的德育对象是儿童与青少年，所以他们要掌握儿童与青少年道德发展的规律。德育以促进学生品德发展为目标，而品德由认知、情感、行为三方面构成，这三方面的养成方式各不相同，所以班主任有必要了解认知取向的德育理论、情感导向的德育理论和行为导向的德育理论。只不过，在班主任的实际工作中，常常采取的顺序是塑造学生的行为，陶冶情感，培养道德认知。除此之外，与其他教师相比，班主任从事的德育不能仅仅强调对学生个体的教育，更要重视对班级这一集体的教育。所以，集体教育理论也是班主任需要掌握的德育理论之一。

第一节 认知取向的德育理论

认知取向的德育理论实际上有两方面贡献：一是揭示了道德发展的规律，二是提出了促进认知层面的道德发展的方法。德育的实施需要遵循青少年道德发展的规律。不了解学生的道德发展规律，便无法开展有效的德育。道德发展的必要前提是儿童理智的发展，成人、教师及其他社会环境因素的影响必须通过儿童自身的积极活动与思考才会发生作用。有效的道德教育一定要促进儿童道德认知发展。

在众多有关道德发展的理论中，影响最大的是以皮亚杰（J. Piaget）、科尔伯格（Lawrence Kohlberg）及其追随者为主要代表的道德认知发展理论。道德认知发展理论认为：儿童是他自己道德的建构者；儿童的道德，既不是固有的善良本性的展开，也不是单纯环境强化的产物，而是主体与环境相互作用的结果；道德发展经历了一个有阶段的连续发展的过程，儿童的思维发展和道德发展有某种程度的平行关系；德育的主要任务在于促进儿童道德判断、道德推理能力的发展，而不是向其教授某种具体的道德规则。

就促进道德认知发展的方法而言，认知取向的德育流派的两个主要代表——道德发展认知学派和价值澄清学派——分别提出了两难问题讨论法和价值澄清法这两种促进道德思维成长的方法。

一、皮亚杰的道德认知发展阶段理论

瑞士心理学家皮亚杰认为，儿童的道德判断能力的发展是一个从低级到高级、从他律向自律，分阶段的、顺序相继的连续过程。儿童的认知成熟和社会经验在很大程度上影响着儿童的道德理解，并最终影响着儿童的道德表现。皮亚杰通过弹子游戏和对偶故事法等对儿童道德判断方式进行实证研究，在此基础上他提出：儿童的道德有一个从他律阶段发展到自律阶段的过程，

而 10 岁是儿童从他律道德向自律道德转化的分水岭。

在他律阶段，儿童会表现出单方面地尊重权威，有一种遵守成人标准和服从成人规则的义务感。儿童会认为规则是权威人士传下来的，是永久存在的，不可改变的，并且需要严格遵守。在评定行为是非时，这一阶段的儿童常常根据行为的后果来判定，而很少综合考虑行为的动机，并且他们评价的结果常常是简单二分式的评价，不是好的，就是坏的。

在自律阶段，儿童改变了前一阶段的认识，意识到规则是协商制订的，是可以改变的，同时判断行为是非时要考虑行为的动机。这样，儿童在自律阶段能够做到与权威和同伴相互尊重，并采用互惠性的公平标准来与人交往。互惠性，指儿童在关心自己幸福的同时，也能够关心他人的幸福。另外，儿童在这一时期主张惩罚要公平——适用于所有犯同样过失的人。同时，惩罚要适当——要与行为过失有关系，以帮助错误者认识和改正。

二、科尔伯格的道德认知发展阶段理论

皮亚杰的观点，在当时一直被人们所忽视。后来，科尔伯格面对战后的学校道德问题，继承并发展了皮亚杰关于道德发展阶段的思想，进行了深入的实证研究，提出了系统的道德发展阶段理论，创立了道德认知发展理论。

1. 道德发展的三水平六阶段

科尔伯格认为，一个人道德水平的发展是一个循序渐进的过程，经历了一系列的道德发展阶段。具体来说，包括三种水平层次、六个阶段。

（1）前习俗水平

儿童在这一时期已经有了是非观念，但其道德观念是外在的。他们以行动带给自己的实际后果，如惩罚、奖励等的大小或者交换的情况，作为判断好坏、善恶的标准。科尔伯格认为，大多数 9 岁以下的儿童和许多犯罪的青少年在道德认识上多处于这一发展水平，这一水平包括两个阶段。

阶段 1：惩罚与服从定向阶段。在这一阶段，儿童根据行为的后果来判断行为的好坏及其严重程度。他们服从权威或规则只是为了避免惩罚，认为导致惩罚的行为就是错的、坏的，带来奖励的就是对的、好的，而不管行为后

果的意义。这一阶段的行为动机是，避免惩罚和获得奖励，而不是尊重惩罚或者奖励背后的道德规范。

阶段2：相对功利取向阶段。这一阶段的儿童不再把规则看成是绝对的、固定不变的，评定行为或规则的好坏主要看其是否符合自己的利益需要。有时，这一时期的儿童也会考虑他人的需要，初步考虑到人与人的关系。但是，通常他们处理人际关系是出于物质上或实用上的目的考虑。对自己有利的就是好的，不利的就是不好的。

（2）习俗水平

处在这一水平的儿童，能够着眼于社会的希望与要求，并站在社会成员的角度思考道德问题，他们开始以他人、社会的期望，以及各种准则规范作为判断推理的依据，有价值的行为就是符合他人、社会的期望的行为，就是遵守并主动维护社会准则和秩序的行为。科尔伯格认为大多数青少年和成人的道德认识处于习俗水平，习俗水平包括两个阶段。

阶段3：寻求认可定向阶段，也称"好孩子"定向阶段。这一阶段的儿童认为一个人的行为正确与否，主要看其行为是否为别人所喜爱、对别人有帮助或受到别人的称赞，即以人际关系的和谐为导向。他们总是考虑到他人和社会对"好孩子"的要求，并尽量按这一要求去思考。好的行为须得符合他人心目中的"好孩子"形象，因为这样才能赢得大家的认可、称赞。

阶段4：遵守法规和秩序定向阶段。该阶段的儿童意识到了普遍的社会秩序，强调服从法律，使社会秩序得以维持，并要求他人也遵守社会秩序。正确的行为就是服从权威、遵守固定的法律规则和社会秩序的行为。

（3）后习俗水平

达到这一道德水平的人，其道德判断已超出世俗的法律与权威的标准，有了对社会规则的更普遍的认识。他们会把自我从各种准则及他人的期望中分离出来，基于社会正义和个人尊严建立自己对社会规则的理解与认识，并将其内化为自己内部的道德命令。他们还会依据自我信奉的原则评价乃至批判社会准则。根据科尔伯格的研究，20岁之后人们的道德判断可能会陆续发展到这一水平，但也可能终身都无法达到。后习俗水平包括两个阶段。

阶段5：社会契约定向阶段。处于这一阶段的人认为，人人应该遵守法律，但法律和规范是大家商定的，是一种社会契约。他们看重法律的效力，认为法律可以帮助人维持公正。但同时认为契约和法律的规定并不是绝对的，可以应大多数人的要求而改变。同时，处于这一阶段的个体在强调按契约和法律的规定享受权利的同时，认识到了个人应尽义务和责任的重要性。

阶段6：普遍的伦理原则或良心定向阶段。这是进行道德判断的最高阶段，在这一阶段的人认为，人类普遍的道义高于一切。正确的行为的依据是普遍的、全面的道德原则，而非简单的社会契约。这些原则包括"普遍的公正原则、互惠原则、人权平等原则或尊重个人的人类尊严的原则"。[1] 这些原则是判断行为好坏与规则合理性的标准。在根据这些原则进行某些活动时，认为只要动机是好的，行为就是正确的。

科尔伯格认为不同道德发展阶段的人会对同样的事情做出不同的判断，也可能做出同样的判断。他用道德两难故事对儿童的道德判断进行了大量的追踪研究。科尔伯格用两难故事设置一个在道德价值上具有矛盾冲突的情境，被试听完故事后要对故事中的人物行为进行评论，研究者通过被试的评论了解被试进行道德推理和判断的依据，进而判定被试的道德发展水平。其中，最为经典的是"海因茨偷药"两难故事。

海因茨偷药

在欧洲，有一位妇女因患有一种罕见的癌症已濒临死亡。医生认为还有一种可以救她的药，即该镇一位药剂师最近发明的一种镭。药剂师以10倍于成本的价格出售该药。病妇的丈夫海因茨向每一位熟人借钱，也只凑得药价一半左右的钱。他告诉药剂师，妻子危在旦夕，请他便宜一些售药或允许迟些日子付款。但药剂师拒绝了他。海因茨绝望了，闯进该药店为妻子偷了药。

科尔伯格围绕这个故事提出了一系列问题让儿童讨论，以此来研究儿童道德判断所依据的准则及其道德发展水平。比如，海因茨应该偷药吗，为什么？他偷药是对的还是错的，为什么？下表以"海因茨两难"来解释不同道德发展阶段的人的具体推理方式。

---

[1] ［美］科尔伯格. 道德教育的哲学［M］. 魏贤超, 柯森, 译. 杭州：浙江教育出版社，2000：98.

表 3-1　不同道德发展阶段对于"海因茨两难"的道德推理

水平	阶段	道德推理的特点	关于"海因茨两难"的道德推理	
			不该偷的理由	该偷的理由
前习俗水平	1	惩罚与服从定向	偷东西会被警察抓起来，受到惩罚。	他事先请求过，又不是偷大东西，不会受重罚。
前习俗水平	2	相对功利取向	如果他不喜欢妻子的话，没必要冒险偷药，自寻烦恼。	如果他爱妻子，她死了，他就再也得不到她了。
习俗水平	3	寻求认可定向或"好孩子"定向	偷东西是小偷的行径，那会令自己及家人、朋友蒙羞。	救妻是一名好丈夫应该做的，不管他是否爱她。
习俗水平	4	遵守法规和秩序定向	法律禁止偷窃，尽管他有义务救他的妻子。	偷东西是违法的，但丈夫有责任设法救妻子的性命。
后习俗水平	5	社会契约定向	尽管他应该尽力救妻子，但他没有偷药去救命的义务，这不是夫妻关系契约的组成部分。	法律禁止偷窃，但人命重于药商的财产权。如有什么不对，需要改的是现行的法律。
后习俗水平	6	普遍的伦理原则或良心定向	他竭力救妻无可厚非，但他不能以侵犯他人的权利为代价，别人可能也急需这种药。	性命重于一切，其价值是唯一可能的无条件的道德义务的源泉。为救人偷药是正义之举。

2. 两难问题讨论法

两难问题讨论法是科尔伯格基于其道德认知发展阶段理论提出的。在三水平六阶段道德发展理论的基础上，科尔伯格对儿童的道德教育进行了一定的思考。他认为，道德教育的首要任务是提升儿童的道德判断能力。在道德判断能力提升的前提下，儿童的道德水平才会得以提升。要提升儿童的道德判断能力，就要首先评估儿童所处的道德水平，基于儿童道德发展的现有水平循序促进儿童的道德发展。在大量实证资料的支撑下，他提出了道德教育的三个基本原则：（1）必须首先了解学生们道德发展的水平、阶段；（2）必须在儿童中引起真正的道德冲突和意见不一；（3）要向儿童揭示出高于他已有发展程度一个阶段的道德思维方式。①

两难问题讨论法，是通过道德两难问题的讨论诱发学生的道德认识冲突，在教师的引导下进行积极思考，从而发展学生的道德思维能力，建构学生的道德观念体系。类似于苏格拉底的对话式教学，吸收和发挥了诱发认知冲突、促进积极思考的精髓，所以科尔伯格又将其称为新苏格拉底法。其具体实施步骤是：（1）通过测试，依据学生道德认知发展水平，将其进行分组；（2）选择一个适宜的道德两难故事；（3）陈述自己的见解，做好讨论的心理准备；（4）引导学生进行讨论；（5）讨论的终止或扩展，反思个人的见解。

除了两难问题讨论法，科尔伯格在后期还提出了另一种教育方法——公正团体法，但公正团体法与其说是一种促进道德思维发展的方法，不如说它更接近集体教育的理念。我们将在本讲第四节对这一方法进行介绍。

三、领域理论

根据科尔伯格提出的个体道德认知发展的三水平六阶段理论，道德认知发展具有单向度线性发展的一致性。然而，20世纪70年代以来，包括科尔伯格的研究在内的很多追踪研究却发现，儿童青少年道德心理发展在很多方面并不符合这种单向度的发展顺序。②

领域理论的提出者艾略特·特里尔（Elliot Turiel，1938—）在与科尔伯格研究道德发展阶段的过程中发现，在青少年晚期和成年初期，个体的道德发展有从第四阶段的习俗水平向第二阶段的前习俗水平退行的趋向。第四阶段讲究的是对规范的遵从，而第二阶段却是一种交易式互惠，类似于一种不具有普遍特征的道德。科尔伯格和特里尔都意识到，这并非道德上的"倒退"，而是一种"转换"，是个体开始把具备普遍特征的道德从社会习俗中分

---

① ［美］科尔伯格. 道德教育的哲学［M］. 魏贤超，柯森，译. 杭州：浙江教育出版社，2000：395.

② 杨韶刚. 从科尔伯格到后科尔伯格：社会认知领域理论对特殊教育的德育启示［J］. 中国特殊教育，2013（10）：17-21+59.

化出来的预兆。经过多年的悉心研究，特里尔明确划分出道德领域和习俗领域。研究表明，儿童，甚至 2~3 岁就能对道德和习俗行为作出区分。虽然科尔伯格没有很好地区分道德与习俗，但是他对于领域理论是认可的。只是在介绍"前习俗"这一概念时，科尔伯格反复强调，所谓前习俗不是指这一阶段的儿童不能区分道德与习俗，而是这些儿童还不能理解和奉行社会共享的道德规范和道德期待，规则、社会期待对处于前习俗水平的儿童还是自我以外的东西。[①] 莱瑞·努奇教授进一步区分出个人领域，查尔斯·海尔维格教授提出了安全领域，还有一些学者从各自的研究提出其他领域的划分。以下四种领域的划分相对成熟，其中尤以前三种领域的划分更为大家所接受。

1. 道德领域（moral domain）

有些行为应不应该，与是否有明确的规则没有关系，因为这些行为源自行为中所内在固有的因素，而非他人强加。如与身体伤害、心理伤害、福利、信任、权利、公平或正义等有关的行为，这些都是道德领域的事件。如果做了不该做的，或者未做该做的，均会是对他人造成消极结果的事件。道德领域的存在旨在维护一个社会系统中与人际之间的交互作用有关的规则。

道德行为则被视为具有跨文化的性质，是带有普世性意义的和不可改变的。道德不是由现存的社会构成来建构或定义的，是必须无条件遵守的，无论有没有明文规定，只要违背了就是道德错误。例如，打人或伤害他人、偷窃他人财物、诽谤他人等，这类行为就是违反道德的行为。

2. 习俗领域（conventional domain）

有些行为是人为强加的一些社会规范，这类行为便属于习俗领域。习俗领域的事件与社会约定俗成的一致性或规则有关，旨在服务于社会和谐。习俗是由塑造它们的社会系统决定的社会行为中被一致赞同的行为，其意义由所在的建构系统决定。是否遵守习俗行为由建构系统所赋意义的影响力而定。与道德领域不同，习俗是可以改变的，可以通过社会舆论来决定习俗的规则，并根据社会系统来加以调整。对习俗行为的判断和推理则主要关注社会秩序，

---

① 刘次林，钱晓敏. 领域理论与学校德育文化的改造 [J]. 教育研究与实验，2018（3）：23—28.

如社会规定和人们对规定的期待等。① 例如，在我国学校中，学生和教师讲话时通常要尊称"×老师"，这里的"×"是指教师的姓氏，学生不能随便对教师直呼其名，但这种规定并不是学生行为中所内在固有的，即便违背了这类规定，也不应属于道德问题。

无论哪种文化中的个体都倾向于认为，违反道德的行为要比违反习俗的行为更加严重，应受到更加严厉的惩罚。亲社会道德行为比遵守习俗规定更好、更积极。

随着年龄的增长，道德领域和习俗领域的发展呈现出不同的特点（见下表 3-2），所以有必要区别对待。

表 3-2 道德领域和习俗领域发展对比

大概年龄	道德领域发展特点	习俗领域发展特点
5—7 岁	个人需求取向，"不公平"	习俗是具体化的，肯定习俗
7—10 岁	工具性取向，追求道德互惠性，行为上会以牙还牙	习俗是偶然的、武断的，否定习俗
10—12 岁	内在公平，超越"以牙还牙"，走向关怀	习俗即保持秩序，肯定习俗
12—14 岁	在社会关系中考虑公平	习俗不过是社会期望，否定习俗
14—17 岁	巩固对公平和关怀的理解	习俗是一种社会结构，肯定习俗
17—20 岁	相对主义和情境伦理的过渡	习俗不过是一些社会标准习惯化而形成的文化，否定习俗
20 岁之后	开始调和道德和习俗领域，寻求普遍化原则	习俗作为一种共识，有协调社会交往的作用

3. 个人领域（personal domain）

个人领域的事件与个人的偏好或选择有关，如选择穿什么样的衣服、交什么样的朋友、写日记的内容等，也和自我与社会世界分隔开来的界限有关。换句话说，个人领域的确立是因为人们需要在个人和他人之间确定一些界限，

---

① 杨韶刚. 从科尔伯格到后科尔伯格：社会认知领域理论对特殊教育的德育启示 [J]. 中国特殊教育，2013（10）：17—21＋59.

这对确定个人自主性和个体同一性是至关重要的。在这个意义上，它代表的是一个人的自主和特色。

4. 安全领域（prudential domain）

安全领域主要与自我、安全、健康和舒适感等可能会对个人造成威胁的非社会性危害（nonsocial harm）有关，由查尔斯·海尔维格（Helwig, C.）教授提出。这里的"prudential"在西方伦理学里属于常见的概念，但是在中文里有不同的翻译，它的实质含义是一种能够在不同情境下做出健全判断的实践智慧，一种临场决断力。它不像道德和习俗规范那样涉及人际互动，违反安全规范造成的伤害通常是指向自身，而非他人。[①] 在安全领域中，父母或教师主要应该关注那些能明显觉察到，并且可能会对儿童造成伤害的行为和事件。有研究显示，随着年龄增长，一般的青少年对安全规则的接受性是逐渐降低的。

四、价值澄清理论及价值澄清法

价值澄清学派是认知取向的德育流派中的另一派别。它产生于20世纪60年代后期，当时美国社会受到多元化的冲击，儿童可以获得"海量"信息，却无人帮助筛选，这导致了儿童的价值观的混乱。价值澄清学派的主要代表人物有路易斯·拉斯思（Louis E. Raths）、悉尼·西蒙（Sidney B. Simon）、梅里尔·哈明（Merrill Harmin）。

价值澄清模式的基本观点是：价值观源于个人经验，价值观因经验的差别而有所不同，所以无法确定哪种价值观更有利于个体。因此，价值观是不能灌输给儿童的，把更多的价值观灌输给儿童只会使本来就困惑的儿童更加困惑，无益于儿童发展。教育应该更关注获得价值观的过程，而非价值的内容。价值澄清理论所主张的不是向儿童灌输新的价值观，而是要帮助学生澄清已有的价值观。

[①] 刘次林，钱晓敏. 领域理论与学校德育文化的改造 [J]. 教育研究与实验，2018（3）：23—28.

早期的价值澄清理论认为，只有经过以下三阶段七步骤（如下表3-3）的检验才能形成价值观。这三阶段七步骤也是价值澄清的基本模式。

表3-3 价值澄清的基本模式

选择（choosing）	珍视（prizing）	行动（acting）
（1）自由地选择 （2）从各种可能选择中进行选择 （3）审慎思考每一种可能选择的后果后作出选择	（4）珍爱，对选择感到满意 （5）愿意向别人确认自己的选择	（6）根据选择行动 （7）以某种生活方式不断重复

价值澄清理论特别重视目标、抱负、态度、兴趣、信仰、活动、烦恼等本身并非价值观但却能反映价值观的事物，并将这种"接近价值但也许并不都符合价值标准的词语"称为"价值指示器"（value indicators）。[①] 价值指示器是指那些最适合运用价值澄清的内容，并且通常都与生活密切相关。除此之外，我们都面临并经常使生活复杂化的个人问题，如爱情、友谊、婚姻、金钱等，涉及个人与社会关系的问题以及希望社会本身解决的问题也适用于价值澄清。

因此，价值澄清的基本顺序是：（1）高度关注学生的生活问题；（2）表现出对学生的认可；（3）激励学生进行选择、珍视乃至行动。它提供了大量的应用策略，便于人们在具体实践中运用。这些策略虽然形式各异，但都具有一些共同的特点：需要创立一种能够接受他人、没有威胁感的气氛，不判断学生对错，没有预先设定好的答案或倾向等。

与其他教育理论不同，价值澄清理论更侧重于应用。价值澄清学派设计了几十种价值澄清策略。其中，最常见的价值澄清策略是澄清反应，也可形象地称之为"单腿会议"，它是教师针对学生所说的话或所做的事而作出的反应，其意图在于提出问题而不进行道德说教，使问题悬而未决。拉斯思在《价值与教学》中提及自己童年的一段经历，他从五岁开始就有了一个习惯——总吮吸肘部衬衫袖子。对此，哥哥、姑妈、叔叔们总是嘲笑他、逗弄他，

[①] ［美］拉斯思. 价值与教学［M］. 谭松贤，译. 杭州：浙江教育出版社，2003：28.

甚至是严厉地批评他，但是他始终都没有改掉这个习惯。后来，上二年级的时候，班上来了一位新老师，叫做卡罗瑟斯小姐。一天，她来到拉斯思课桌边，俯身靠近他说："孩子，这是你最喜欢的姿势，是吗？"在接下去的一两周内，拉斯思就戒除了吮吸袖子的习惯。这就是一个澄清反应的例子。

澄清反应常用的问题

1. 自由选择

你的思想来自哪里？

是否有人反对你的选择？

2. 从多种可能选择中进行选择

你有没有考虑过其他可能的选择？

3. 审慎地选择

每一种选择会导致怎样的结果？

你是在指……（曲解学生的陈述）？

4. 珍视与珍爱

假如没有它，你的生活会有什么不同？

5. 确认

你愿意公开支持这件事吗？

你是在说，你认为……（重复学生的观点）？

6. 依据选择行动

这件事如何影响你的生活？以后会怎样影响你的生活？

7. 不断反复

你还会做这件事吗？

进行澄清反应时，需要特别注意的是：时间不宜过长；避免道德说教、批评，避免给出价值标准，摒弃"好的""坏的""可接受的"等暗示；非强制的，不强人所难，预料到学生可能拒绝回答；不适用于访谈的意图，目的不在于获取资料。

对于一些需要更深入思考的问题，常采取的价值澄清策略是价值单。价值单要求学生书面回答，与纯粹的口头谈论相比，这要求学生更加认真地思考。价值单策略尤其适合于周末作业，因为此时学生的压力相对减少，而且能有足够的时间来思考。在使用价值单策略时，应注意：允许学生以匿名的形式进行书面回答；教师可以对学生上交的价值单做简要的评语，但是评语应当根据价值澄清理论的要求，进一步提出有助于学生重新思考其原先答案的问题。

拓展阅读：价值单

勇　气

◇勇气是无与伦比的慷慨行为，因为勇者并不吝惜最宝贵的东西。——C.C.科尔顿

◇真正的勇气是在无人知晓的情况下去做世人尚不能做的事情。——拉罗什富科

◇勇气犹如爱情：它必须用希望去滋养。——拿破仑

◇勇气指向星辰，恐惧指向死亡。——赛加内

◇勇士生而勇敢。——高乃依

（1）勇气对你来说意味着什么？

（2）你认为勇气会显现吗？为什么？

（3）你认为人人都不乏勇气吗？为什么？若不然，为何？

（4）你是否为自己的勇气而感到自豪？请讨论。

价值澄清理论以其独特的优势在 20 世纪 70 年代风靡美国，是当时中小学教育实践中一颗耀眼的明星。对于该理论学派的批评几乎从它诞生起就未停止过。科尔伯格也曾对价值澄清理论进行过尖锐的批判。不过，价值澄清法作为一种促进学生道德思维成长的方法，确实有其重要价值。而且由于其著述通俗、容易掌握等优势，价值澄清理论对西方道德教育实践，尤其是学校教育，产生了重大影响。

第二节　行为导向的德育理论

帮助学生养成良好的行为习惯是班主任的重要工作，班主任必须要了解行为习惯养成的基本原理——行为导向的德育理论。行为导向的德育理论强调人类行为是个体与环境交互的产物，以行为为主线来讨论教育问题，着眼于青少年的社会行为与道德发展之间的联系，特别重视环境对道德行为养成的作用。代表性理论有强化理论和社会学习理论。

一、强化理论

斯金纳通过对操作性条件作用的系列研究，提出了一系列行为学习的原理。[1] 斯金纳认为，人的一切行为几乎都是操作性强化的结果，人们有可能通过强化作用的影响去改变他人的行为。

行为随着其后的及时的结果而变化。及时意味着，结果在行为之后立即出现远比延迟一段时间再出现更能影响行为。愉快的结果加强行为；不愉快的结果减弱行为。换言之，愉快的结果提高了个体做出某种行为的频率，而不愉快的结果降低了该行为出现的频率。愉快的结果被称为强化物，不愉快的结果被称为惩罚物。

强化物是指能增强行为的各种结果。需要注意的是，在没有证据表明某一特定结果确实增强了个体的某种行为时，我们不能妄加推断该结果就是强化物。没有一种奖赏能够成为适合于所有情境中的所有人的强化物。在大部分情况下，我们所使用的强化物都是给予他人某些东西，这些给予的东西叫做正强化物，包括表扬、分数、小红花等。其实，还可以采取另一种方式来

---

[1] [美] 罗伯特·斯莱文. 教育心理学 [M]. 姚梅林，等译. 北京：人民邮电出版社，2010：107—112.

加强行为。如果个体做出的某种行为能够摆脱不愉快的情境或避免不愉快事件的出现，这种行为也会得到加强。这种使个体摆脱不愉快情境的强化物被称为负强化物。负强化物不是惩罚，无论是正强化物还是负强化物都是增强行为的，而惩罚是减弱行为的。

能减弱行为的结果叫惩罚。如果表面看起来令人不愉快的结果实际上并没有减少后续行为出现的频率，那么这种不愉快的结果就不能算作是一种惩罚物。惩罚也有两种形式：一种是呈现惩罚，即使用不愉快的结果或厌恶性刺激，如指责；另一种形式是取消性惩罚，即取消愉快结果，如暂时隔离。

二、社会学习理论——班杜拉的道德学习理论

班杜拉在吸收行为学习理论的基础上，提出了社会学习理论。他认为，人类的大部分学习不是行为结果的塑造过程，而是更有效的直接学习榜样的过程。[1] 人可以通过观察学习和模仿获得某种行为，而不完全依赖于直接强化的作用。其核心是强调人类的行为是个体与环境交互作用的产物。在日常生活中，儿童通过观察自己和他人某一行为所产生的后果，会逐渐认识到"何种行为在何种场合下是适宜的"，以及"何种行为在何种情形下是被禁止的"。这些认识指导儿童选择适宜的行为模式，避免做出会受到惩罚的行为。

班杜拉将社会学习分为直接学习和观察学习两种形式。直接学习又称参与性学习，是通过实践并体验行动后果而进行的学习，实际上就是做中学，那些产生成功结果的行为被保留下来，而那些导致失败后果的行为被舍弃。观察学习又称为替代性学习，是通过观察他人而进行的学习，在学习过程中，学习者没有外显的学习行为。[2]

观察学习实际上包括观察和模仿两个层面，具体来说，由四步组成。首先是注意过程，即儿童对榜样行为的注意；第二步是记忆过程，即注意过的榜样事件被儿童记住，通过想象或言语使观察过的行为在记忆中得以重现；

---

[1] ［美］罗伯特·斯莱文. 教育心理学［M］. 姚梅林，等译. 北京：人民邮电出版社，2010：117.

[2] 陈琦，刘儒德. 当代教育心理学［M］. 北京：北京师范大学出版社，2007：146.

第三步是运动再现过程，即儿童尝试再现榜样的行为，但还不能达到完全或准确再现的水平；第四步是动机（强化）过程，即在儿童表现出部分榜样行为时就受到一定的强化，使其更愿意模仿榜样的行为。概言之，观察学习就是通过观察、模仿，再经过认知过程进而形成人的复杂行为。

社会学习理论还认为，学生之所以会做出某些道德行为，是基于某种动机。班杜拉把激发和维持动机的强化分成外界因素对学生的行为产生的直接的外部强化、榜样对学生的行为构成的替代强化，以及学生按自己设定的标准进行行为的自我强化。利用外部强化、替代强化和自我强化的交互作用，使学生提高学习效果，达到塑造良好行为的目的。班杜拉用实验说明了儿童通过对榜样行为的观察能学会攻击反应，抗拒诱惑的行为也可以通过对榜样的观察进行学习和改变。而且榜样具有替代强化的作用，儿童不必直接受到强化，只要观察到榜样受到奖励或惩罚，就能受到间接的替代强化，从而做出相应的反应。他曾做过这样一个经典实验：

让学前儿童观看一场电影，在电影中，一个人正在踢打一个充气娃娃。第一组儿童看到那个人因为这种行为受到奖励；第二组儿童看到那个人受到惩罚；第三组儿童没有看到任何结果。看完电影后，这些儿童被带到摆有充气娃娃的房间。结果发现，第一组儿童最具攻击性，踢打这些玩具；第二组儿童攻击性行为最少，但是如果他们被告知，模仿电影中的人踢打充气娃娃可得到奖励，他们就会将攻击性行为表现出来。

按照班杜拉的理论，假若我们为儿童营造一个良好的成长环境，使儿童能够在环境中观察到榜样的行为，并得到适宜的强化，那么儿童就会习得有道德的行为，建立良好的行为习惯。社会学习理论对于矫正和改善不良行为具有重要的现实价值。但是社会学习理论倾向于将人看作一块白板，过于强调环境和榜样的作用，使得人的主动性受到忽视。

第三节 情感导向的德育理论

对于班主任而言，营造班级良好的情感氛围，让学生在熏陶中形成积极的情感，是必须具备的能力。情感导向的德育理论可以为此提供借鉴。

科技进步和经济发展带给人们丰富物质生活的同时，人与人之间交往空间的萎缩导致人们精神生活的危机日益加剧，这一社会现实的最大受害者是未成年人，他们生活在缺乏关怀的环境中。严峻的社会现实引发道德教育领域内对认知取向的德育理论与实践的反思与批判，其中代表性主张见诸英国学者麦克菲尔（Peter McPhail）提出的体谅模式和美国学者诺丁斯（Nel Noddings）提出的关怀教育。

一、体谅模式

体谅模式以情感为主线，特别重视道德情感的发展和培养。该模式是由英国学校德育专家麦克菲尔和他的同事所创，最初在英国一些学校使用，后来广泛流行于北美。体谅模式原先是为中学德育设计的，但试用下来，也适合小学使用，因此在英语国家的小学中也颇为流行。此模式的一大特点是，它的理论假设是在对学生广泛调查的基础上提出的，其教材也取自对学生的调查。

1966—1968年，麦克菲尔等人以问卷和访谈的形式，对英国中学13—18岁的学生进行过三次大规模的调查，要求他们分别记述一件别人对自己好、对自己不好、对自己既谈不上好也谈不上不好的事件。通过对这些"好事"和"坏事"的分析，他们得出了关于学校德育的一些基本假设：（1）与人友好相处是人类的基本需要，帮助学生满足这种基本需要是教育的首要职责；（2）道德教育重在提高学生的人际意识和社会意识，引导学生学会关心、学会体谅；（3）要鼓励处于社会试验期的青少年试验各种不同的角色和身份；

（4）教育即学会关心。青少年期被麦克菲尔称作社会试验期，这一时期是个体对人际和社会问题的反应由不成熟迈向成熟的过渡期，是个体学会关心的最佳时期或关键期。因此，道德教育的目的在于培养学生的关心品质和能力。体谅在道德教育中既指教师对学生要多关心、少评价，又意味着道德教育应使学生学会体谅他人、学会关心。

在广泛调查的基础上，麦克菲尔和他的团队编制出了一套独具特色的"人际—社会情境问题教材"——《生命线丛书》。这套教材是实施体谅模式的支柱，它由三部分组成，书中循序渐进地向学生呈现越来越复杂的人际与社会情境。第一部分，"设身处地"，围绕人们在家庭、学校或邻里中经历的各种共同的人际问题进行设计，包括《敏感性》《后果》《观点》三个单元；第二部分，"证明规则"，探讨少年保罗以及他的家庭、朋友、邻居在各种社会背景下面对各种社会压力和要求时发生的难题，由《规则与个体》《你期望什么》《你认为我是谁》《为了谁的利益》《我为什么要这样做》五部分组成；第三部分，"你会怎么办"，由《生日》《幽闭》《逮捕》《街景》《悲剧》《盖尔住院》六个历史事件组成，通过一个个令人印象深刻的历史时刻描述，为学生们进行道德反思提供了舞台，拓宽学生超越当前社会的道德视野，鼓励学生形成更为深刻、普遍的判断框架。这些丛书的小册子大多以插图故事的形式呈现，易于为青少年接受，其目的在于引导学生做出正确的选择。麦克菲尔建议这一教材应当融合到各科教学中使用，不一定专门设置道德教育课。同时他强调，为了适应学生的需要和理解水平，应当在教材的基础上，随着儿童经验的增加，提供更广泛的经验背景和教育内容。教材的使用可视具体实际，不失时机地加以灵活处理。

在道德教育的方法上，麦克菲尔首先主张道德教育应当摒弃说教和权威主义，给予学生选择的自由，但是教师应当同时提供自己的立场，供学生参照。其次在具体的方法层面，他认为，讨论、角色扮演、对话、讲故事等都是有效的方法。此外，麦克菲尔等人还特别强调班级、教师团体、俱乐部、兴趣小组等方式的作用，认为学校必须建立一种鼓励学生实践道德与民主的机制和氛围。总之，体谅模式所主张的道德教育的方式是，必须符合人性发展的需要，不论对自己还是对他人都是有价值的，能使学生乐于接受。

体谅模式在当代西方学校的道德教育中有很大影响，其最大的特点是从实证研究出发，建立起关心他人、发展利他主义观念的理论基点，并使其在课堂教学中得到充分的体现和具体化。当然，体谅模式也有不足之处，受到了不少批评，主要是它的理论基础比较薄弱，过多地倾向于实证数据。由于缺乏深层次的理论建构，导致教师在实际工作中往往会因为理论的单薄而不得要领。此外，仅仅依据儿童的需要或以大多数学生的回答作为道德教育的标准与原则，有一种将道德教育与道德发展相等同的倾向。毕竟，道德教育是要引导道德发展而非与道德的自然发展同步。

二、关怀教育

与麦克菲尔不同，诺丁斯是一位教育哲学家，她通过哲学的推理和论证建构了道德教育的关怀理论。诺丁斯的关怀教育研究起始于对美国 20 世纪 70—80 年代以来教育理论与实践的反思与批判。

诺丁斯认为，每个人在人生的各个时期都需要得到人们的理解、接纳、尊重和认同，因此，关怀他人和被他人关怀都是人的基本需要。她认为，关怀最重要的意义在于它的关系性。她把关怀理解为一种关系，最基本的表现形式是两个人之间的一种连续或接触。两个人中，一方付出关怀，另一方接受关怀，其中任何一方出现问题，关怀关系就会遭到破坏。也就是说，要想构成一种关怀关系，双方必须具备一定的条件。首先，就关怀者而言，关怀者的基本心理特征是专注和动机移置。专注，或关注，意味着全身心的投入和接受，认真地倾听他、观察他、感受他，愿意接受他传递的一切信息。而动机移置作为一种心理状态，是"一种动机能量流向他人的过程"。[①] 比如，我特别关注陌生人的需要，同时我也感受到一种要帮助这个人的愿望，这样我的心理就处于动机移置状态，这个过程就像是在思考自己的问题一样认真和积极。其次，就被关怀者而言，接受、确认和反馈应该是基本的心理状态。

---

① ［美］诺丁斯. 学会关心：教育的另一种模式［M］. 于天龙，译. 北京：教育科学出版社，2003：25.

"被关心者接受他人的关心，然后显示他接受了关心。这种确认反过来又被关心者认知。"① 这样一个关怀关系才能建立。可见，关怀关系的建立，只有一方的努力是不够的，如果一个人的付出得不到应有的反馈，那么这种关怀关系就不会长久。

  诺丁斯认为，关怀是处于关系之中的一种生命状态，而不是一套具体的行为方式。每个人的个性和需求都是千差万别的，每个人都在用各种不同的方式表达着自己的需要。我们仅仅拥有关怀他人的动机是不够的，还必须具备关怀他人的能力，具备以上所提到的心理特征，这样才能真正做一个好的关怀者。反映在教育领域中，"一个教师如果真正关心学生，那么他就会认真倾听学生们的不同需要，并且给予不同的反应。"② 我们没有任何理由在"所有孩子都能学习"的幌子下采用高度独裁和控制性的教学方法去损害学生们的学习兴趣和目的。诺丁斯认为学校教育的目标应当是多元的，不能仅仅局限于学术能力的提高。既然关怀是人的普遍需要，我们就可以以关怀为核心来组织整个教育。而关怀本身就包括很多不同的领域，包括对自我的关怀、对亲密的人的关怀、对有联系的人以及远方陌生人的关怀、对非人类的动植物的关怀、对人造的工具和物品的关怀，以及对思想的关怀等等。围绕不同的关怀中心会涉及到不同的态度、知识和能力，教育可以由此逻辑展开。诺丁斯强调不同的关怀领域所需要的态度、知识和能力是不同的。关怀身边的亲人和朋友并不意味着愿意帮助素不相识的人。有的罪犯会精心培育花草，却对自己的同胞麻木不仁。正是由于关怀的态度、知识和能力在不同的关怀领域之间不一定具有迁移性，所以我们有必要学习各个不同的关怀领域。

  在讨论专门的道德教育时，诺丁斯反对把道德等同于道德判断和道德知识，反对用教授数学推理的方式来进行道德教育。她强调从情感上对他人的需要做出反应，认为"真正的道德教育需要形成共同的意义感，而不仅仅是

---

  ① ［美］诺丁斯. 学会关心：教育的另一种模式［M］. 于天龙，译. 北京：教育科学出版社，2003：25.
  ② ［美］诺丁斯. 学会关心：教育的另一种模式［M］. 于天龙，译. 北京：教育科学出版社，2003：28.

信息的传递"。① 诺丁斯从关怀伦理学的角度提出了道德教育应当特别强调的四种主要成分或教育要素：榜样（modeling）、对话（dialogue）、实践（practice）和认可（confirmation）。

在绝大多数道德教育体系中，榜样都是一个重要成分，在关怀理论中其地位更加重要。首先，道德教育不是教授学生道德的原则以及如何按照数学推理的步骤利用这些原则解决实际问题；相反，教师必须以身作则，和学生建立关怀关系，在这种关系中通过自己的行动向学生展示如何去关怀。另外，能力的发展离不开一定的经验。教师对学生的关怀有助于学生积累被人关怀的经验，这些经验正是发展关怀能力所必需的。因此，教师作为关怀者的角色要比作为榜样的角色更加重要。

很多道德教育模式中都会用到"对话"，但一般对话的目的都是要证明某种道德决定的正确性，旨在得出结论或获得思维上的进步。例如，科尔伯格的道德两难故事就试图向学生表明有些思考方式更高级，代表了更高的道德发展水平。而关怀理论希望的则是通过"对话"来建立和维持关怀关系，认为对话是我们了解他人想法和需要以及检验自己行为效果的途径。诺丁斯所说的"对话"是一种开放性的对话。在这样的对话中，对话双方在一开始都不知道最终的结果和决定将是什么。她认为由一方阐述自己的主张而另一方只能偶尔提几个问题的"讲话"不是对话。如果家长或教师在对话前就已经做出了自己的决定，那就不可能和孩子进行对话了。在诺丁斯看来，对话的目的是寻求理解、同情或欣赏。对话允许人们阐述自己的意见，给人们提出疑问的机会，这就使对话双方能够获得充足而正确的信息并在此基础上做出决定。另外，这样的对话还能够增进人与人之间的了解，加强相互间的联系，有利于维持关怀关系。对话需要人们的全神贯注，在真正的对话中关怀交谈的对象要比结论更为重要。处于关怀关系的人们不会将注意力完全放在智力性的问题上，而会无条件地关注对话的人。对话中的人会关心对方的感受，会考虑话题是否会对其他人造成伤害等等。因此，对话本身就体现了一种关

---

① Nel Noddings. Educating Moral People [M]. New York: Teachers College Press, 2002: 131.

怀关系。

实践可以为我们提供经验，而经验是形成态度和价值观以及培养人际关怀能力的基础。关怀理论需要的实践是给予关怀的实践，如注意到客人的需要、照料老人和小孩，以及操持家务等。"我们越是接近与生活密切相关的自然需求，就越能理解生活的脆弱，越能感受到内在'必须'的冲击，这种心灵的冲击可以推动我们对他人做出反应。"[1] 因此，在学校里应当鼓励学生相互合作和帮助，鼓励学生参与校内外的公益活动。这一方面可以提高学业成绩，另一方面也可以培养关怀的能力。

认可是对他人道德行为的肯定和鼓励。即使有些人做了不道德或不关怀的行为，但可能是无心之过，或者其本意是好的。这时如果我们能认可这种意图，发现一个人身上好的一面，就能为他指明一个更好的自我，并鼓励其发展。认可只有在了解某个人到能够看出他本人的意图以及他的理想人格时才能达到效果。因此，认可必须以联系和了解为基础。

诺丁斯在理论假设和教育实践上都贡献了许多创造性的成果。这一理论的优势和弱点都与其人本主义和自由主义的特色密切相关。

第四节　集体教育理论

班级中的集体生活对于学生的品德发展有着不可替代的作用。在一定意义上可以说，班级教育的本质在于集体教育，集体教育理论是班级教育的基本原理。

集体教育是苏联教育的最基本特征之一。如果说我们将"在集体中，通过集体，为了集体"概括为集体主义教育[2]的核心内容，那么集体教育则可以

---

[1] Nel Noddings. Educating Moral People [M]. New York: Teachers College Press, 2002: 20.

[2] 集体主义教育通常被定义为：以集体主义为教育内容，以培养集体主义者为教育目的的教育。

用"在集体中,通过集体"来表述。换言之,集体教育意味着"一种在培养与教育集体的过程中通过集体来教育个人的教育方式"。与"集体主义教育"不同,"集体教育"属于教育手段的范畴,它并不规定教育内容与教育目的。

集体教育理论的典型代表人物是前苏联教育家马卡连柯(А. С. Макаренко,1888—1939)和苏霍姆林斯基(В. А. Cyxomjnhcknn,1918—1970)。从历史上来看,克鲁普斯卡雅最早提出了在集体中教育儿童的思想,马卡连柯则通过总结自己在高尔基工学团和捷尔任斯基公社的教育实践,建立了一整套相对完整的集体教育理论体系。苏霍姆林斯基站在马卡连柯的肩膀上,在帕夫雷什中学的学校集体生活中系统地探索了在普通中小学进行集体教育的方法,并由此形成一条连绵不绝的集体教育理论的生命线。

集体教育理论虽然是20世纪20、30年代苏联社会特殊历史情况的产物,但其中不乏真知灼见,带有普遍的适用性,甚至科尔伯格后期的理论与教育实践也呈现出了集体教育的趋势。

一、马卡连柯的集体教育理论

集体教育理论是马卡连柯教育思想体系的基础和核心,是其长期教育实践探索的经验结晶。马卡连柯把如何组织和培养集体、怎样建设合理的集体、如何建立集体对个人的影响当作集体教育最为根本的理论问题来研究,并将其贯彻到自己的教育思想体系当中去。

儿童是活生生的充满个性的人,如果我们用某种统一的教育手段去影响儿童,势必造成使教育变成工业生产线的恶果;但是如果用完全不同的教育手段影响每一个儿童又会带来近乎无限的工作量,是极其不现实的。如果用一个与教育对象同样复杂、同样丰富、同样是活的东西作为教育手段,就能一举打破这一教育学方法论上的进退维谷的困境,实现个性与共性发展的双赢,而这个活的手段,在马卡连柯看来,就是集体。集体是个人的"保护者",个人应当服从集体,作为学生应当具有热爱集体生活的思想、情感和习惯。学校教育应该培养学生集体的责任感与荣誉感,培养学生具有组织、管理集体的能力与技巧以及自觉自律的精神。

集体教育要组织培养教育性集体,"它既是总的和统一的方法,又是使每一单独的个人能发挥自己的特点,保持自己个性的方法"。① 马卡连柯强调要防止两种偏向:一是把一切人视为同一的,把人硬套进一个标准的模型里,培养千面一孔的人;二是迁就个人,消极地跟着每个人跑。② 这两种偏向都不是真正的集体教育。马卡连柯对学生集体的形成和发展进行了深入的研究,提出了一套行之有效的集体教育的原则和方法。

集体教育的具体方式首先体现在平行教育和前景教育方面。平行教育指的是教育者对集体和集体对每个成员的教育影响是同时的、平行的。这种方式"改变了传统的单一的教育方法,改善了教师和学生之间的关系,充分发挥了学生集体的教育作用"。③ 平行教育的实质在于,教育个别学生与教育学生集体是同时进行的,教师不直接和学生个体发生关系,而是和学生集体发生关系,教师把集体当作教育的对象,教育影响针对集体,通过集体来影响个人。实施这种教育方式的关键是建立起真正的学生集体。真正的学生集体有这样四个特征:第一,共同的奋斗目标;第二,组织性和纪律性;第三,组织制度和管理机构;第四,正确的集体舆论。要培养真正的学生集体,就是要改变传统的教育者利用其优势占据统治地位,学生则成为被统治者的状态,让学生在集体中形成认同感、信任,以及学会如何正确面对冲突。前景教育的实质是一种激励机制,即经常在集体和集体成员面前呈现美好的"明天的快乐"前景,推动集体不断地前进,永葆生机。马卡连柯主张,要不断地给集体提出奋斗目标,并激励集体成员为实现目标而作出努力。为了使前景教育能够有计划、有步骤地进行,前景可为近景、中景和远景,便于由近及远,逐步实施。

集体教育的方式还有纪律教育和劳动教育两个方面。关于纪律教育,马卡连柯认为,纪律既是良好集体的外部表现形式,也是每个人充分发展的保障。一个人如果能愉快地做自己不愿做的事,他就是守纪律的人。纪律首先是教育的结果,然后才是教育的手段。进行纪律教育就是要建立合理的生活

---

① 吴式颖. 马卡连柯教育文集(上卷)[M]. 北京:人民教育出版社,1985:79.
② 吴式颖. 马卡连柯教育文集(上卷)[M]. 北京:人民教育出版社,1985:6.
③ 吴式颖. 外国教育史[M]. 北京:人民教育出版社,2001:161.

制度及奖惩制度，进行大量的、一贯的、明确的行为规范的教育，采取各种有效方式、有计划地向学生讲授各种道德理论。在集体中，集体成员在共同的活动中形成集体的舆论并且在心理上产生一种标准化的倾向，这就是集体规范。纪律教育除了教育学生遵守集体规范外，还需积极地与破坏纪律的各种不良现象进行斗争。破坏纪律是对集体中其他成员的权利的侵犯，只有消除破坏纪律的现象，纪律才能使每个人达到更有保障、更加自由的境地。为维护纪律，就必须在充分尊重个体尊严的基础上，坚决地实施惩罚。纪律教育必须适当使用奖励和惩罚，适当的奖励可以调动学生的积极性，激励学生努力向上；合理的惩罚有助于培养学生的责任感和坚毅的性格。

劳动教育即人的劳动品质的教育，依据教育与生产劳动相结合的基本原理，目的在于发展儿童的体力、智力，并培养其从事生产劳动的技能技巧，最重要的是使学生在道德上和精神上得到良好的发展。但是，并不是所有的劳动都具有教育意义。在马卡连柯看来，劳动任务越复杂、越具有独立性，教育意义就越大。他认为，现代化的大工业生产是各种劳动中最理想的劳动教育方式。有效劳动教育的做法有：（1）激发兴趣，组织学生开展创造性劳动；（2）认真开展集体劳动；（3）劳动必须是有计划、经常性的，劳动任务应该是量力的、多样的；（4）教师要在劳动中发挥示范作用，成为学生的榜样。

马卡连柯还指出，培养集体的优良作风和传统，是进行集体教育的重要方法。优良作风和传统可以美化和巩固集体，"只有具有共同的作风，并且这种作风是以经常的集体活动和集体内容为基础的，才能有外表上的有礼貌的形式"。[①]

二、苏霍姆林斯基的集体教育理论

苏霍姆林斯基认为，教育的理想就是使全体学生得到全面和谐的发展，使每个人都可以成为大写的"我"，成为"独一无二"的人。他强调，要在一

---

① 吴式颖. 马卡连柯教育文集（下卷）[M]. 北京：人民教育出版社，2005：122.

个追求共同目标和兴趣的集体中和谐、全面地发展个体。学校要改造教育过程，积极创造有利于学生充分表现自我内在精神与才能的环境和条件。

苏霍姆林斯基深刻阐述了集体与个性全面发展的辩证关系。教育者要重视集体产生的教育力量，就要首先关心每个成员精神上的不断丰富、充实，就要关心人们之间关系的发展。当集体的每个成员都渴望以自己的知识和爱好影响他人的时候，集体就具有强大的力量。教育者的任务是帮助每个人把自己特有的才能表现在集体面前，既展现个人的才能，又不断丰富集体的精神财富，从而使集体具有强大的吸引力，达到个别教育与集体教育相统一的目的。"集体教育实质上就是集体中的每个成员不断分有个体之外的社会性财富的过程。"[1] 集体的社会性财富越丰富，个体受到的影响也就越大；反过来，个体又以自己独特的精神财富来补充、丰富集体，促进集体的发展。当集体的成员具有了对他人关心、对他人负责和对社会负有责任感的品质时，就会形成一个健康、向上的集体。这种关心、同情、热爱他人的品质一旦成为集体的核心价值观，就会变成强大的力量，感染集体中的每个成员，渗透到他们的心灵中，并辐射到集体之外。集体作为教育的工具，还有一个重要的方面，就是健康、强有力的集体舆论。运用舆论来进行道德评价，扬善贬恶，加深成员对某一道德现象的认识，促使学生向具有高尚道德的人学习，关注集体对周围事物、对人的行为的道德评价，培养自己的道德敏感性和自尊心。

三、科尔伯格后期的转向

有趣的是，科尔伯格后期的理论与教育实践也呈现出了一定的集体教育趋势。随着对两难故事讨论法的进一步拓展研究，科尔伯格发现，尽管这一方法对促进儿童道德发展是有效的，也对促进儿童道德行为的成熟有一定作用，但还有很大的局限。这种道德判断能力能否在实际的道德情境中表现仍是个问题，因为个人在真实生活中的道德决定总是在团体规范背景或团体决

---

[1] 朱小蔓. 今天，我们如何认识苏霍姆林斯基教育思想——与乌克兰教科院院士苏霍姆林斯卡娅对话[J]. 中国德育，2005（3）：20—24，35.

策过程中作出的。科尔伯格认识到:"道德讨论和道德课程只是促进道德成长的诸条件中的一部分。当我们转而分析更广泛的社会生活环境时,我们就应考虑到家庭、学校和社会中的那种道德气氛。"①

1969年,科尔伯格在访问以色列集体农庄的中学时发现,这种集体农庄学校本身就是一种自觉意识的道德社会,形成了一种集体教育的氛围,为培养有责任感的社会成员提供了最适宜的环境。集体农庄学校的教育倡导集体而非个人的成就,平等而非分层的社会关系,民主而非等级的决策。在这所学校里,教育意味着使学生在社会中并根据社会规范生活,但这些规范不是通过教师的抽象讲授获得,而是通过学生在集体生活中共同交往、对规范的实践和讨论获得。根据他的测验,这所学校青少年的道德发展得分明显高于以色列城市里的青少年。② 他认为,以色列集体农庄的教育实践效果似乎比之前从认知发展理论引申出的教育方法要好。这次访问让他认识到,不能完全根据他的认知发展理论引申出一种理想的道德教育模式,而应该把道德讨论的原则与集体教育的某些心理学原则结合起来,形成一种"团体实践模式",以影响学生的道德判断和道德行为,并使教育者与青少年学生形成一种新型的关系。

科尔伯格开始重新审视曾经极力反对的涂尔干的理论体系,并根据以色列集体农庄和涂尔干的集体教育思想修正自己最初的道德教育观念和方法。他又借助杜威的民主教育思想,对涂尔干的权威和强制的模式进行了"民主改造",以适应美国的民主的性质。在此基础上,他开始了公正团体法的探索。

公正团体法又称新柏拉图法,主要是通过一个公正的合作性团体的实践活动,创造一种公正而民主的集体氛围,提高团体成员的道德判断水平,促进道德行为,以达到团体成员自我管理和自我教育的目的。这一方法的关键是建立参与性的民主团体。其条件是人数不应太多,一般在60人到100人之间,以便使所有成员能够经常面对面地相互交流。其中心机构是每周召开的

---

① 檀传宝. 德育原理[M]. 北京:北京师范大学出版社,2007:35.
② 郭本禹. 道德认知发展与道德教育:科尔伯格的理论与实践[M]. 福州:福建教育出版社,1999:201—204.

民主群体大会，会议一般用时1.5—2小时，主要内容是制定与学校生活及纪律相关的规则和政策，会议程序应直截了当并力求简化。其具体做法如下。

（1）在社会研究和英语等课程中引入道德讨论；促进学生相互交流思想；通过参观教堂、监狱等社会机构获得道德经验。

（2）每周举行由全体师生参加的团体会议，每个人都有就共同关心的道德问题做出选择的权利。

（3）定期举行小组会议，讨论有关的道德问题。

（4）每周举行由教师或导师指导的咨询或劝告会，解决学生的个别问题。

（5）建立一个由小组代表轮流组成的纪律委员会，负责督促团体成员的行为，并对违反纪律者做出处理。

这种方法对于提高学生自律能力和道德判断水平等方面都有很好的效果，因此，当时在美国的许多中小学都得到了不同程度的推广。[①] 只不过，作为一种具体的道德教育模式或方法，它在实践上还是难以操作，也对当时的社会风气和社会制度有一定的要求，充其量只能作为一种道德教育的理想的追求。

推荐阅读：

1. 戚万学. 现代西方道德教育理论研究［M］. 北京：人民教育出版社，2020.

2. 檀传宝，王啸. 中外德育思想流派［M］. 北京：人民教育出版社，2015.

思考题：

简述科尔伯格前后期思想的变化，以及这种变化对德育的启示。

---

① ［美］科尔伯格. 道德教育的哲学［M］. 魏贤超，柯森，译. 杭州：浙江教育出版社，2000：405.

第四讲　班主任开展工作的实践路径是什么？

> **本讲导读：**
> 班主任工作的开展，既不能直接照搬文件规定中的职责与任务，也无法按照某种德育理论来实施，通常是班主任基于自身对班主任职责的理解和实践经验开展工作。在实践中，我们常常会听到"班级管理""班级建设""班级教育"，这三种说法反映了理解班主任工作的不同视角。本讲从管理视角、班级建设视角和集体教育视角出发，分别对班主任工作开展的实践路径进行介绍，深入理解班主任带班育人的实践过程。

初任班主任的教师，常常陷入到各种琐事中，困惑于如何胜任班主任工作。班主任对这项工作的理解不同，在实际开展过程中就会选取不同的路径。我们可将班主任工作视为管理的过程、班级建设的过程或集体教育的过程，人为地区分出三种不同的实践路径。当然，现实中班主任工作的开展并不遵循单一路径，常常是多种路径并行。

第一节　管理视角下班主任工作开展的实践路径

将班主任工作视为管理的过程，班主任工作就意味着对班级的管理，以及完成学校布置给班主任的各项任务。"班级管理"这一说法与此最为接近。因班主任工作通常较为琐碎，班主任常常忙于应对、疲于应付。为减轻工作负荷，班主任可将班级管理清晰化、条理化。以管理的视角来看待班主任工作,最为理想的路径是采用 PDCA 循环（戴明环）：计划（plan），执行（do），检查（check），处理（action）。当我们把这一路径置于班主任工作中，可将其分解为"设定班级管理目标""制订班级计划""实施、评价及调整"三个步骤。

一、设定班级管理目标

设定班级管理目标是班级管理的第一步。清晰明确的班级目标有助于将琐碎繁杂的事务性工作条理化。实际上，我们无论做什么，都要先确定目标，再定计划，最后行动。

班级管理目标与班级所处的发展阶段或状态密切相关，这就需要班主任对之做出判断。当开展班主任工作时，班主任不仅要考虑班级的年级特点，更要首先考虑班级的发展阶段和状态，例如，新班、中途接班抑或重组班级，以及班级的整体情况如何等。班主任要对班级情况多方了解，分析判断班级发展所处的阶段和状态，在此基础上合理设定班级管理目标。但无论处于哪一阶段，班级管理的目标都需要兼顾班级愿景和学生成长目标，即建设什么样的班级，培养什么样的学生。虽然班级管理目标在班级发展的不同阶段体现为不同的具体目标，但班级管理的最终目标一定是指向每一名学生的发展。

与新班的"零起点"不同，中途接班的情况下，班主任需注意新目标的设定。因班级已有目标，班主任若直接改变原有的目标，只会加剧学生因更换班主任而产生的躁动。中途接班后，班主任的首要任务是了解、适应班级现状，尽快融入到班级中，之后再根据班级情况调整、设定班级目标，推动班级的进一步发展。重组班级更为复杂。虽然重组班级也是一种"零起点"，但学生需要与之前的班级告别，再融进新的班级中。

总体来说，班级管理目标一定要分阶段设定，具体明确，合理可行，并且兼顾班级和学生需求两个层面。目标的实现有赖于有效的措施，而有效的措施需要精心的设计。其实，班级管理目标的实现只有两个路径：一是班级的运转，包括制度、活动、文化等；二是学生成长的促进，包括品德、知识、能力、生命质量等。

二、制订班级计划

班级管理目标确定后，班主任需要结合学校的整体部署，制订班级计划或规划。制订合理的、切实可行的班级计划或规划是班主任工作的重要内容，可使班主任在开展工作时心有蓝图，提高班级管理的效率，同时有助于班主任与副班主任及其他科任教师协作。当班主任外出学习或其他原因不在场时，班级仍可以有序运转。

一般来讲，规划以三年或五年为时间单位，具有全局性、方向性；而计划通常以较短的时间为单位，更具体、可操作。班主任可依据班级的实际情况，制订三年到五年的较为宏观的班级规划，也可制订较为具体的学期或学年的班级计划。需注意的是，当制订时间跨度较大的班级规划时，班主任需要在制订前对班级今后的管理目标有清晰的认识与定位。一定程度上来说，班级规划是立足长远的全面发展计划。下文如无特殊强调，班级规划与班级计划统称为班级计划。

1. 对班级现状的分析

当对班级的发展阶段进行初步判断后，班主任就可以着手设定班级管理目标了。但班级计划的制订需要建立在对班级现状充分了解的基础之上。只有如此，班级计划才能够切实可行。

从最理想的情况来说，在制订班级计划之前，班主任需要了解班级的整体状况，如班级纪律、卫生环境、团结程度、任课教师情况等，也需了解学生的整体情况，如人数、性别比例、以往成绩、是否有特殊需要学生等，还应了解每位学生的个体发展特点、家庭情况、优势以及不足等。但受各种因素制约，很少有班主任可以做到。对于刚接班的班主任而言，只能尽可能多了解一些，制订一个相对简单的班级计划，随着与学生接触、了解的增加，在实施计划的过程中不断细化、完善，以制订出更合理、操作性强的学期或学年计划。

起始年级的班主任，可于开学前通过研究学生档案、家访来熟悉每一个学生的信息，包括家庭相关信息。中途接班的班主任，除了学生档案、以往的班级成绩之外，还有必要从之前的班主任、科任教师处获取信息。

通过对班级现状的分析，班主任要找到学生及班级的特点，包括优势与劣势，正视当前存在的问题，因为这些都是学生和班级今后发展的基础，也是突破口。

2. 提炼主线，形成教育格局

班级现状和预期目标与班级管理目标之间的差距就是班主任工作的空间。为了一步步缩小这一差距，实现班级管理目标，班主任有必要对班级今后的发展进行顶层设计，即长期的班级规划。

班主任需要在班级现状的基础上，立足学生的长远发展，提炼出能够贯穿若干学期乃至整个学生生涯的主线，形成本班的教育格局，建立长效育人机制。一个状态良好的班级应该有着本班独有的教育格局。看似要求较高，但从长远来看，从班级发展的终极目标来看，这种要求是必要的。

3. 形成班级工作计划文本

制订出合理的、切实可行的班级计划是班主任工作的重要内容。一个可行的班级工作计划一定是考虑了与学校或德育处部署的衔接，但绝不能被动遵循学校或德育处的安排，它是为了实现设定的班级管理目标而自主制订的计划。

班级工作计划实际上是要完成班级规划中的部分任务或阶段性任务，是班级教育格局中的有机组成部分。所以，班级工作计划是班主任对班级规划的总目标进行分解后，针对班级在本学期或学年的实际情况而制订的。进一步说，连续几个学期或学年的班级工作计划的实施，能够基本落实整个班级规划。所以，班级工作计划一定要有针对性，班主任需要针对阶段性的目标而制订阶段性的任务，一步步促进班级管理目标的实现，切忌制订出"普适性"的班级工作计划。一般来讲，班级工作计划应该细化到每个月甚至每个星期的具体任务中。

接班之初，由于对学生的了解有限，班主任只能在初步了解的基础上制订班级工作计划。但之后每一学期、学年的工作计划可以制订得更为细致、合理。为避免出现班主任工作与班级工作计划相脱节的问题，班主任在制订工作计划时需充分考虑和沟通，同时留出弹性空间。

班级计划最好以文本形式呈现，以使其他人对该班级在某一时间的具体任务一目了然。所以，班级工作计划的文本不仅涉及目的、内容、方法，还需对分工（包括可能涉及的人或资源）、时间做出较为明确的说明，即 4W1H（Why、What、How、Who、When）。可以说，在撰写班级工作计划时，班主任就已经提前选择了某些班级管理的策略和方法。

三、实施、评价及调整

当班级计划制订完毕，班主任就可以准备实施了，这也是我们所说的形式上的"带班开始"。从班级组建阶段教室环境的布置、欢迎学生到来、与学生初次见面，到初见阶段建立共处规则、组建班委会、设计和召开班会、开展实践活动、进行班级文化建设，再到更高层次的开展自主管理、引领学生发展、借力和协同育人等，都是在实施班级计划。在一定程度上可以说，一直到学生毕业，甚至是学生未来的发展，都属于班级计划实施的一部分。毫不夸张地说，班主任的每一分努力，都是在一步步地将自己对班级的设计理念落到实处。

理想地说，当计划确定下来，班主任和学生需严格执行，力争在规定的时间完成特定的事务。当学期末或学年末时，班主任可通过对标对表等方式，及时总结，对按时完成的部分总结经验教训，对没有按时完成的部分进行反思分析，以便对下一学期或学年的工作计划做出调整。但实际上，很少有班主任可以严格执行班级计划，优秀的班主任也只是尽最大可能实现班级目标。所以，为了更好地实施班级计划，班主任通常是边实施、边评价、边调整。这种评价既包括对班级的评价，也包括对班主任工作的评价。

这种评价，常常以一种隐匿的形式，由班主任自主完成，夹杂在每周、每月、每学期的盘点和总结中。当然，这种评价往往会参考学校（校级或年级）评价的结果。不过，的确存在一些以完成学校任务为导向的班主任，直接将学校评价作为对班主任工作和班级的评级。对班级和班主任工作的评价应该是多元的、全面的。首先，评价主体应该是多元的。为了更客观地评价，更好地改进班主任工作，除了班主任自评和学校评价，班主任还可通过实名、匿名相结合的方式将学生评价、家长评价、科任教师评价相结合，甚至可以建立评价反馈机制。其次，评价内容应该是多维度的。例如，对履职情况、计划完成度、目标实现程度以及班级活动的教育价值、活动效果等评价，都应该纳入到班级评价中。

在评价过程中，班主任应根据评价情况灵活调整、改善班级计划的实施过程，如有必要，还可调整班级计划，甚至适当调整班级管理目标。

第二节　班级建设视角下班主任工作开展的实践路径

当我们将班主任工作视为班级建设的过程，那么营造良好的班风、建设优秀的班集体就是班主任工作的重心。在实践中，我们经常用班风如何来描述或评价一个班级。班风，有时也被称为班级风气或班级氛围，通常包括行为表现（就班级层面而言，表现为班级秩序）、情感氛围、学习氛围三方面内容。我们也可以采用班级文化建设来界定班级建设的追求。不过，班级秩序、情感氛围、学习氛围是班级建设的最基本的维度，也是班主任在带班过程中需完成的基本任务。无论是班级的秩序建设还是氛围营造，或者更大范围的班级文化建设，都需要通过活动，尤其是教育活动的设计开展来实现。

一、让班级有序

管理的目的通常在于有序。即使我们将班主任工作视为"带班"，而非纯粹的班级管理，有序也是绕不开的话题。有序是一个班级能够正常进行教育教学的基本条件，但是有序到何种程度是一个值得进一步探讨的话题。建立秩序的目的是什么？是为了让所有人都按照一个规范行事还是其他？不可否认，有序当然是指学生有符合规范的良好行为表现，但这既不是最初目的，也不是终极目的。

在班级初建阶段，班级建设的首要任务是在彼此熟悉的基础上建立起一种学生都能遵守的集体秩序。这种用集体秩序来约束（绝非控制）集体中每一个人的方式，其实就是我们通常所说的"管"。简单地说，班主任要将这些性格、习惯各异的学生所组成的群体"管"得像个班级的样子。基本的班级秩序是班级建设和学生发展的基础，没有这一基础，在一个几十人的班级中接受教育就是一句空谈。也就是说，班级有序的最初目标是使学生遵守共同的规则，达到一种"有组织有纪律"的基本样态。或者说，有一定的秩序即可。因为，班级建设的目标绝对不能止于此，也不能在这一阶段耗费太多的时间和精力。一般来讲，学段越高，这一阶段所需的时间越短。只要班级的秩序初见成效，能够开展教育教学活动，班主任即可开展其他方面的班级建设。

需要注意的是，中途接班与新班建立秩序的情况不同，班主任勿要轻易采用"管"的方式建立班级秩序。因为学生在新班主任接班前已接受甚至习惯了一套规则，直接应用新规则或新方式管理，大概率会使学生对新班主任产生排斥。中途接班，首先要做的是观察和了解现状，了解班级现有的运行规则，尽快适应并融入到班级中，之后再根据实际情况决定是否调整以及如何调整管理方式，以更好地服务和建设班级。

在学生个人层面，我们希望学生有序是因认同规范的必要性和意义而遵守，而非因班级规则而遵守；在班级层面，我们希望学生有序是依赖学生自治来实现，而非凭借班主任的各种做法来维持。这是班级有序的更为重要的内涵。可以说，有序的最高阶段是自治。班级自治，顾名思义，学生在班级中能够自我管理和治理。这种"自治"意味着在班级管理中，班主任的管理已退居其次，班级运转主要由学生的治理来实现。当班级发展到这一阶段，班主任所进行的班级管理实际上已不再是"管"，而是在"带"。"不管"正是班级管理的"管"最终要达到的效果。现在很多班级都提倡自主管理、实行自主管理制度，但是否达到了真正的班级自治还需根据班级自治的实际情况来判断。当然，这样的有序，并不是在建班之初就能完成的，通常是经过较长时间努力，在班级建设的其他方面也取得了一定效果之后才能实现的。

让班级有序，其实是一种纪律教育，它远远超越了维持和控制的手段，最终是要帮助学生实现从他律到自律的过渡。所以，它一定是建立在对学生的关心和爱的基础上。

二、让班级有爱

班级是一个特殊的教育集体，需要有特定的心理气氛和教育氛围。面对由一群未成年学生组成的班级，爱，甚至是"替代父母"式的爱，是必不可少的。只有在充满爱的班级中，学生才能更好地健康成长。所以，当基本的班级秩序形成后，班级建设的重心就转移到情感氛围的营造上。这种情感氛围的营造，始于安全、温暖的环境，终于凝聚力的形成，关系的建设是其主要方式。归属感、凝聚力以及特定的教育氛围的形成，是班级作为一种教育组织的本质功能得以发挥的体现。也只有如此，班级的集体教育功能才得以发挥。在这一阶段，班级建设以形成特定的情感氛围，使每一成员对班级有归属感为目标。简单来说，就是要使班级像一个"家"，成为一个真正的集体。集体归属感和凝聚力来源于共同的价值和追求、人际之间的感情交往以及彼此之间的相互包容。在这一意义上，构建和谐、有凝聚力的班集体，实际上是师生关系、生生关系的问题。

1. 安全感和归属感的产生

学生来到一个陌生环境，甚至还是有一定压力的环境，安全感对他们来说很重要。只有具备一定的安全感，他们才会放下戒备心，全身心地投入到班级的各项活动中。安全的氛围，意味着学生可以安全而大胆地表达看法和观点，做自己认为应该做的事，而不必担心犯错。学生提出问题时，有人关注他；说错或做错了，不会有人讥讽他。班主任应努力营造这样的安全氛围。对于班级中那些常对外界感到恐慌、失望的学生而言，教师带来的安全感尤为重要。布伯甚至认为，"在整个教育领域，只有一条通往学生的路"，即教师对学生的信任。[①] 对于部分学生而言，教师的信任所给予的安全感，可能是使其重拾信心的转折点。

如果在安全的基础上，学生们感受到被关注和温暖，他们就会喜欢上这

---

① ［德］布伯. 人与人［M］. 张见，韦海英，译. 北京：作家出版社，1992：154.

个班级。事实上，往往在学生还未报到时，班主任就已开始着手布置一个温馨的教室，以使学生第一次进入教室就对班级抱有好感。在开学一段时间后，班主任还可通过"发现别人的优点""夸夸班里的好人好事"等做法，营造温暖的氛围。

集体归属感通常建立在安全和温暖的氛围之上。当学生认为"集体中有我一席之地""集体需要我""我依恋集体"时，归属感就形成了。再进一步，"我有发言权""我可以做主"，那么这时学生就产生了集体的主人翁意识，与班级的秩序建设有了更为深入的连接，学生会自动自发地建设和维护班级秩序。如果说秩序建设解决的是组织层面的个人与集体的关系，那么情感氛围的建设解决的则是心理层面的个人与集体的关系。

2. 和谐人际关系的营造

包括师生关系、生生关系在内的良好人际关系也是班级重要的情感氛围。班级中需要形成有助于学生发展的人际关系，包括平等的、开放的，而又不失教育性的师生关系，彼此关心、相互合作、互惠共享的生生关系。

就师生关系而言，班主任与学生之间的关系一定不是管与被管、监控与被监控的关系，而是用心发现者与主动展现者、促成发展者与主动参与者的关系。所以，班主任需尊重学生的主体性、主动性和发展可能性，理解和接纳学生的全部，而不仅仅将其当作"学生"看待。当学生难以对班主任敞开心扉时，班主任应首先向学生开诚布公，让学生看到一个鲜活的班主任，逐渐加深学生对班主任的信任。例如，在师生互动中，"我和你们一样……""我原来也……"这些近似"自我暴露"的话语往往会迅速拉近师生之间的距离。所以，班主任要在读懂学生表达、理解学生真意的基础上，给予适切的关怀，与其进行有效沟通对话，建立平等的、开放的、具有教育性的师生关系。需要注意的是，师生之间不可能完全平等。教师与学生的社会角色、地位不同，在教育场域中一个是教育者，一个是受教育者，所谓的师生平等只是作为公民的平等与人的平等。[1]

生生关系同样与学生的品德发展密切相关。但未成年人尤其是低学段的

---

[1] 吴康宁. 教育社会学 [M]. 北京：人民教育出版社，1997：229.

学生，建立和调节关系的能力有限，这就需要班主任主动关注并适时引导学生建立良好的同伴关系、群体关系，营造健康、积极的道德教育氛围，使之朝着彼此关心、相互合作、互惠共享的方向发展。我们都希望班级学生之间团结、友爱、互助。不过，于生生关系而言，班主任其实是局外人。所以，在生生关系上，班主任更多的是引导而非干涉，并且这种引导要恰到好处，顺势而为。

3. 集体凝聚力的形成

凝聚力泛指使人或物凝聚到一起的力量，是一个群体中的成员相互吸引和关系密切的程度。集体凝聚力通常以意识形式存在，包括集体对成员的吸引力，成员对集体的向心力，以及集体成员之间的相互吸引。一般来说，我们可以通过唤醒集体意识和创造共同做事的机会两种途径来促进凝聚力的形成。

集体意识是集体中情感氛围的关键一环。对于从小精心呵护甚至娇生惯养的一代，无论是独生子女还是二宝、三宝，集体意识都应在入学后有意识地予以培养。我们常常会通过阐释个人与集体的关系使学生理解集体的重要性，但这种做法的效果不佳，尤其是对于初入校园的小学生而言。班主任不妨在日常教育中，先引导学生从"凡事以个人为中心"考量，到"做事时心中有他人"，再逐步过渡到"心中有集体"。在提出课上不能随意讲话这一要求时，我们都会告知学生，随意讲话会影响其他学生听课，也会影响教师授课。当我们提出在楼道内不能跑跳的要求时，我们是如何与学生解释的，是他们自己可能会受伤，还是公共场合随意跑跳容易与其他人发生肢体上的碰撞？当我们要求学生便后洗手时，是为了自己的健康，还是为了他人的健康？也许有学生会认为，只要自己不嫌弃自己即可。事实上，便后洗手不仅是对自己的健康负责，更是对他人的健康着想，因为没及时洗干净的手会把细菌传染给他人。在班主任的日常教育中，学生们逐步做到心中有他人，在此基础上再进一步引导，学生才会产生集体意识。

仪式性活动也是唤醒集体意识的重要方式。仪式其实是一个模仿性平台，仪式性活动正是通过为学生提供模仿机会来促进学生对规范的掌握、品德的养成、个体社会化的进程，同时也进一步维系着组织和集体的稳定与发展。

仪式性活动有助于学生从更宽广的视角来认识自我、认同自己的身份，它是促使学生认识集体，培养学生集体主义精神，培养集体凝聚力的重要途径。无论是班级特有的仪式，抑或是学校仪式中以班级为单位的亮相，只要设计得当，就都有助于集体意识的唤醒。

另一个增强凝聚力的方式就是创造共同做事的机会。例如，在运动会等比赛中，班级的凝聚力空前高涨。实际上，有经验的教师在察觉到学生松散、"不抱团"时，会设计一些集体活动，如合唱、拔河等，使学生在共同目标驱动下团结起来，感受团结的力量和集体的力量。这即是创造共同做事的机会。除了相对简单的活动外，班主任还可通过团队拓展活动、话剧或戏剧排练、社会调查等方式达成这一目的。

当学生有了集体归属感、有了集体意识，他们自然而然会产生一种集体荣誉感，愿意为集体的荣誉而努力。不可否认，当归属感和凝聚力已经形成，班级中具备了特定的心理气氛和教育氛围时，班级建设便是小有所成了。实际上，很多班主任在进行班级建设时也以此作为最终目标，但班级建设应该有更高的目标。

三、让班级向上

班级作为一种教育组织，适宜学习是其基本要求，所以从班级建立伊始，学习氛围的形成就是其目标之一，我们也经常称之为学风。学习氛围的营造，其实早在布置教室时就已开始，如打造书香教室，营造良好的学习环境。具体而言，学风建设涵盖学习兴趣、学习方法和学习动机，其目标在于建设学习型班级，培养有学习力的学生。一般来讲，学习力包括学习动力、学习毅力和学习能力。结合以上观点，班主任在班级的学风建设上，大致可从以下三个方面着手。

1. 让学习更积极

一个学风优良的班级并不在于成绩的出类拔萃，而在于班里的学生对学习是渴望的、积极的，有较高的求知欲和探索的兴趣。孩子天生是好奇的，但是在成长过程中其好奇心常常被磨损。为学生的学习成功创造机会，使学生在学业中获得成就感非常重要，这种成就感可使学生对学习有更多的兴趣和信心，有更多的渴望。

良好的学习氛围应有助于呵护学生的好奇心。班主任需注重培养学生的学习兴趣。不过兴趣往往不是刻意培养出来的，而是在参与和体验的过程中发现和形成的。这就意味着，我们要给予学生一段相对宽松、自由的时间来对某类学习或某一学科进行探索，提供机会使其发现知识学习与生活之间的联系。与集中讲解核心知识或重点内容相比，在自由探索中学生更容易产生真正的兴趣。在中小学教育中，小学实际上更多的是在培养学习的兴趣，也就是怀特海在《教育的节奏》一文中所说的"浪漫阶段"，而中学更多的是要掌握精确的知识细节进而领悟原理，即"精确阶段"。当然，不同的学科还有着更为细致的阶段划分，但在每一学科的起始教学阶段，都应当以培养兴趣为重。所以，班主任可尝试在学生将要学习新学科时，为学生提供机会了解这一学科与生活的联系及其产生历史。

学习是否积极还与学习风格有一定关系。一般来讲，学习风格是指人们在学习时所具有的或偏爱的方式，它是一种极具个人特色的学习方式。基于生理上的偏好，学习风格可分为视觉型、听觉型、运动型；基于认知风格，可分为场独立型和场依存型。学习风格的划分方式还有很多，个人的学习风格也是多样的，但大多数人会展现出某一种明显突出的学习风格。必须承认，不同的学习风格，在课堂上、在班级中的适应程度确实会有所差别。如果班主任能够识别学习风格，使不同学习风格的学生都能适应、发挥所长，那么学生会更加积极地参与学习。

学习并不是一件容易的事。当遇到困难时，学生的意志和成就动机也会影响其学习积极性，所以班主任还应注意培养学生的意志和动机。一般来讲，班主任经常会通过设计一些体验活动来培养学生意志力，或者召开与此相关的心理主题班会，以帮助学生将学习动机维持在最佳水平。

2. 让学习更有意义

在班级的学风建设过程中，班主任还需解决为什么学习的问题。根据学习动机的动力来源，学习动机可分为内部动机与外部动机。内部动机来源于人们对学习任务或活动本身的兴趣，它不需要外界的诱因；而外部动机则是为了得到奖励或者规避惩罚而产生的。如果要持久地推动学生学习，就必须激发学生的内部学习动机。此外，需要层次理论、自我价值理论、自我效能感等多种理论都能够解释我们为何学习。这些理论均从个人层面分析学习的目的，并为个人的学习提供策略。

作为班主任，还有必要使学生理解学习对于社会的意义，即从社会层面理解为什么要学习。学习不仅是为了让学生实现自我价值，还可以使他们实现自身的社会价值。班主任可联系生活、联系社会，通过设计不同的活动，使学生意识到学习能够促进社会进步，理解人类是通过不断学习进而推动整个社会与历史发展。社会的发展和进步需要人类不断研究和探索，新技术和新知识是推动社会进步的有力武器。在中学阶段，班主任还可尝试使学生理解，学习能够帮助其理解社会现象和问题、解决社会问题和矛盾。

3. 引导学生相互学习

学生之间是否会相互学习，对于建立学习型班级非常重要。的确存在这样的班级，即每个学生都具备很强的学习能力，学习积极，成绩优异，却不愿向他人学习。尽管他们或许在其他方面较为团结，但这也无法促成真正的合作学习。

竞争固然能激发动力，但就集体而言，就班级学风而言，营造一种彼此欣赏、为他人进步和成绩而骄傲的气氛也很重要。发现他人的优点，不仅对班级的"有爱"重要，对于班级的"向上"也很重要。因为发现并承认他人的优点，与学习的敏感性有密切联系。见贤思齐，当意识到他人的优点，欣赏他人并愿意向他人学习时，学生就有了更多的学习机会。所以，在班级的学风建设中，班主任要引导学生相互学习，将一个人的优点和进步发展为更多人的优点和进步。

班主任可进一步指导学生进行合作学习。真正的合作学习，不只需要合理的分工，更要有学习。作为一种学习方法，学生在合作学习中，通常需要有思想的碰撞，不同意见的交流，并在此基础上整合、转化为集体智慧，促进学习进步，这才是合作学习的目的所在。为此，需要班主任在班级中营造适宜讨论、对话的氛围，并适当放手，给予学生自主开展合作学习的空间。

第三节　集体教育视角下班主任工作开展的实践路径

班主任工作的核心在于带班育人，即集体教育。从集体教育的视角看待班主任工作，用集体影响学生，挖掘集体事务中的教育价值，同时使教育者成为集体，是其关键。

一、通过班级建设促进学生成长

如前所述，班级建设有三个维度：第一个维度在于形成班级秩序，从有序到自主管理；第二个维度在于形成情感氛围，构建和谐、有凝聚力的班集体；第三个维度在于营造学习氛围，建设学习型班级。基于平行教育原则，班级建设的过程实际上与促进学生发展是同步发生的。班级建设的各个维度实际上指向了学生发展的不同方面，在各个维度的班级建设过程中，学生均有着相应的不同能力提升。

1. 通过班级秩序建设促进学生的自主和自治

班级有序的高级阶段是自治。实现班级自治，即为培养具有自主管理、自主活动能力的学生。班级自治不是一蹴而就的，是在学生不断参与班级管理过程中逐步实现的。在尊重学生主体性、主动性和发展可能性的基础上，班主任通过将部分班级管理的权利让渡于学生，指导和引导其参与班级管理，在此过程中每个学生均可对班级事务提出不同意见，并通过师生协商、生生协商，共同执行。经过这样不断地实践，班级逐渐实现自治，学生的自主和自治能力得到提升。由此，学生通过参与班级管理，充分掌握发展主动权，主动而有效地拓展其发展空间，充满智慧地提升其发展质量。在参与班级管理的过程中，学生可提高做事能力、学习做人之道、获得价值引领。

2. 通过班级人际关系建设促进学生的社会交往能力提升

班级的情感氛围营造，尤其是班级中的人际交往是学生社会性发展中不可缺少的部分。无论是师生关系、同伴关系，都影响着学生当下和今后的社会交往能力。

师生关系不仅影响学生对学习的态度，还影响着学生对长辈以及"权威"的态度，进而影响着学生的社会交往能力。除了家长，教师是学生接触最多的长辈，也是其成长过程中将会长期接触的成年人。学生，尤其是小学生往往会因为第一次接触的教师的关心呵护而喜欢学习，也因此形成了对长辈的"第一感觉"。这种影响无论是对学生的入学适应、师生关系建立，还是对其社会性发展都大有益处。

教师对学生的同伴关系引导也影响着学生的社会交往技能发展。学校生活与家庭生活最大的不同，在于共同生活的同龄人较多，这种同伴关系是在家庭生活中无法体验到的。班主任所营造和引导的同伴关系，影响着学生对友谊的看法及其交往能力。良好的同伴关系有利于儿童社会价值的获得、社会能力的培养以及健康人格的发展。

同伴关系可分为个体关系和群体关系。就个体关系而言，无论是友谊还是竞争都将影响学生学习道德规范和社会交往技能。友谊是一种双向的亲密关系，友谊为学生的学校生活提供了安全感和幸福感，有良好友谊关系的儿童通常会表现出较高水平的利他性和社会交往兴趣；相反，缺乏友谊的儿童通常在社会适应上表现出一定的障碍。正因如此，友谊常常会成为班级建设的重要内容。同学之间不只有友谊，也会有冲突、竞争。与其他阶段的竞争相比，在校期间的竞争，相对来说具备一定的安全性、游戏性，失利的代价较小，是学习如何面对竞争、解决冲突的好时机。学生正是在与同伴的互动中成长，学习如何与他人交往、如何接纳他人的不同，学习解决冲突、维护友谊。

班级中同辈群体的共同生活与家庭生活的状态截然不同，对于学生的社会性和个性发展的意义深远。首先，群体接纳程度影响自我认同和社会适应。在同伴群体中，被喜爱程度高、被接纳程度高的学生群体归属感较强，容易体验到同伴的尊重和爱，更容易产生对自我的认同和肯定，并进一步促进其在同伴交往过程中的积极互动。而那些在群体中不太受欢迎的、被拒绝的学生，群体归属感较差，对自尊、学业适应、社会适应都有一定影响，甚至有可能成为高危儿童，出现情绪和心理问题。其次，群体关系有助于规则的学习，一个学生可能同时归属于几个不同的群体，那么学生在不同群体中的交往会使其逐渐理解规则有其特定的适用范围，并学会如何在不同范围的不同规则中切换。所以，班主任实际上是在通过对同伴关系的引导，帮助学生适应社会生活，促进其社会交往能力的提升。

除此之外，群体的舆论、氛围对于学生的社会性发展也有重要影响。如科尔伯格提出，个人在真实生活中的道德决定，往往都是在群体氛围或群体决策过程中做出的。学生所处的群体氛围，尤其是小团体文化，对学生的身心成长和道德发展都有较深的影响，其影响有时甚至会超过教师和家长的直接影响。若学生所处的群体团结友爱，那么耳濡目染，学生将会习得关心他人、体谅他人、乐于合作、主动分享等亲善品质；而长期置于人际关系紧张、相互戒备、充满敌意和排他性竞争的群体中，形成的将是自私、狭隘、互不信任、互不合作、相互攻击等破坏性品质。我们之所以重视班风建设，重视学生的朋友圈，正是因为这一点。

总之，班级中的人际关系与学生的社会性发展密切相关，影响着学生对自我的认识、对他人的态度以及与他人的互动、对社会的适应。通过班级中的师生关系、生生关系建设，我们可以促进学生的社会性发展，培养其社会交往技能。

3. 通过教育氛围的营造，让学生保持向上的动力，收获价值感

学风建设的重点在于培养学生的学习兴趣、学习方法和学习动机，但其实在此过程中，对学生学习观、人生观的引领也很重要。

在班级中，学习可能随时随地发生。学生都是同龄人，彼此相似却有差异，他们愿意相互交流、理解，向彼此学习。这种学习是自然而然发生的，没有外在的束缚和压力，因此更有可能深入到生命中，形成学习意识与能力，成为学生生存方式的一部分，影响终身。在班主任的努力下，这种氛围可能会向有助于学习和成长的方向发展，也可能会向相反的方向发展。当班级的学习氛围向安全、开放、包容、适宜学习的方向发展时，无论是活泼外向的学生还是胆小害羞的学生，都可以变得更为自信果敢，他们的主动性和创造性也会得到激发。甚至，教师的创造性也会在师生彼此的信任中得以激发和施展。反之，如果营造的是一种以考试成绩或升学为目标的学习氛围，学生便会更在意或刻意追求成绩，而不重视学习和成长本身。

教育氛围的营造不仅仅是为了使学生成绩更好、学习更好，更重要的是在这一过程中不断使学生体验学习、体验成功、收获价值感，逐渐将学习和成长视为一种生活方式，能够一直保持向上的动力，以追求终身发展的态度规划自身的生涯。

二、将事务性工作转化为教育性工作

当班主任的眼中只关注繁琐的班级事务，那么相应地就会减少对学生和班级教育方面的精力。如果班主任能够发现事务性工作背后的教育契机，察觉到学生的成长需求，适当地将"对事不对人"转变为在育人的过程中解决事务，那么事务性工作的性质和作用就已发生了改变。即，将班主任工作理解为集体教育，这些事务性工作就成了集体的事务，在集体的形成和发展中完成，在集体成员的成长中得到解决。具体而言，把事务性工作转化为教育性工作，可从以下两方面着手。

1. 将常规管理转化为自主、民主参与的契机

常规管理实际上关涉的是班级的日常运转，这些维持班级正常运转的事务恰恰是班级生活的有机组成部分。班主任应注意到这些琐碎的事务工作的教育价值，将其转化为学生成长的契机，使学生参与其中，学会参与公共生活，学会自主管理。一些班主任常常采用岗位责任制，如志愿服务岗、部委制以及民主投票等方式来实现班级自治，使有服务意识、有服务能力、公正负责、有热情的学生在其适合的岗位上服务全体学生。学生通过承担不同的服务工作，获得了更多锻炼和发展自己多方面能力的机会，获得了共同体成员的尊重以及对自我能力的认可，增进了自我效能感以及生命意义感等。

2. 将上级任务转化为锻炼和激发创造性的机会

仅将班级中的一些事务视为自上而下部署的任务，我们就很有可能将其作为完成任务或达到其他目的的手段，而未发掘其本身内在的教育价值。若将上级任务视为具有潜在教育价值的资源，那么班主任通过对这些事务的处理，可为学生提供更多的锻炼机会，营造更开阔的发展空间，激发学生更多的思考。① 例如，对于突然安排的时间紧迫的文艺汇演，我们完全可以将其作为一次挑战，激发学生迎接挑战的斗志。与学生一同分析汇演需要的各种资源、可能存在的问题及可行方案，鼓励学生集思广益，发挥其创造性解决问题。这样的处理方式，远比班主任依赖自身在原已安排好的计划中腾时间、想方案，或机械、烦躁地完成任务更有意义。

上述两种思路均于原本事务性工作之上进行设计，将其策划为学生参与其中的、具有教育意义的活动。可谓是，利用一切可利用的条件、抓住一切契机来实施教育。班主任策划活动时，需考虑学生的需求和感受，明确活动的目的和目标，有针对地设计活动，而非为了活动而活动。教育活动因其教育性目标而成为教育活动，事务性工作能否成为教育性工作的关键就在于班主任能否发现其中蕴含的教育目标或教育契机。当发现教育契机之后，还需要班主任精心设计，适度开展活动，使学生的自主性在活动中得以彰显，而非追求形式化或华而不实的活动。

一定程度上来说，若班主任能够从传统的事务型班主任转变为智慧型班主任，便能够将琐事化为教育契机，将事务性工作转化为教育性工作，进入到相对自由的专业空间，享受班主任工作。

三、将个别教育问题转化为集体教育问题

个别教育问题一直是困扰年轻班主任的主要问题。的确，班主任常常将更多精力用于一对一解决个别学生的问题，在讲述教育故事或总结经验时，通常也都是对个别学生的教育。近年来，随着对个性化成长的关注不断增强，在学校教育和班级教育中，大有忽视集体教育的趋势。随着越来越多个性鲜明的90后班主任步入工作岗位，这种趋势更为明显。尽管对学生的个别教育非常重要，但班主任的任务不是分别教育每一个学生，更不是仅教育其中的某几个学生。班主任需要通过班级建设促进学生的个性发展，实现个性与共

---

① 李伟胜. 班级管理 [M]. 上海：华东师范大学出版社，2010：64—65.

性的统一。一个优秀的班级是通过班集体的建设，形成一个真正的集体，通过集体的力量使每一个学生变得更好。

如果始终存在单独解决学生个别问题的想法，那么班主任很容易将其视为非正常情况、视为需解决的麻烦。事实上，偶发的个别问题很可能是极其正常和普遍的情况，因为学生是不断变化发展的，其成长也具有一定的波动性。例如，某一初一年级的学生私下说脏话、骂班主任，如果仅将此事定义为学生的个别问题，试图通过个别教育改变学生，那么可预见的是班主任在此之后还会遇到类似问题，遇到多个有相似行为的学生。所以，班主任需注意观察学生的共性，在个别的偶发的学生问题中找到集体教育的切口、自我教育的契机，将个别教育问题转化为集体教育问题。班主任还可尝试将一些不涉及隐私的个别教育问题当作"班务"，通过班级自主管理来解决。这种将个别教育问题转化为集体教育问题，采用集体教育的方式解决的思路更符合班主任带班育人的逻辑。

需要注意的是，不是所有的个别教育问题都能转化为集体教育问题，通过集体教育使之得到根本解决。部分学生的问题有其独特性，是生理、心理等多方面导致的。面对这样的情况，从集体教育视角出发，班主任最需要做的是使其融入到集体生活中。这就需要班主任在班级中营造安全、包容的氛围，让他们能和其他学生一样拥有集体生活，同时借助其他专项训练，如体能训练、心理咨询等促进学生的发展和成长，把个别化干预与集体教育结合起来。

四、学会借力，助力学生成长

班主任工作并不完全是班主任一人的事务。班级教育不只发生在班主任和学生之间，还有很多角色会对班级管理与教育产生不同程度的影响。班主任需要主动联合其他可能对学生产生影响的角色，向他们借力，形成教育者集体，即"班主任主导的班级教育者集体"，[1] 这样才能更好地助力学生成长。

---

[1] 班华. 班主任主导的班级教育者集体 [J]. 班主任，2010 (8)：7—9.

换言之，"班集体"不仅有学生这一受教育者集体，还存在着教育者集体。班主任如何协同这些角色、创建班级教育者集体，将影响着班级的育人效果。因此，班主任需要学会借力，协同各方力量，共同助力学生的成长。事实上，协同育人本身即是班主任的重要职责之一。

1. 向科任教师借力

科任教师是班级教育者集体的重要成员，也是班级生活的局内人。虽然他们不像班主任那样长期置身于班级生活中，但却是班级的定期"访客"，通过学科教学对学生施加影响。如果科任教师对课堂负责，而不推诿责任，同时积极配合班主任引导与教育学生，用自身的专业助力学生成长，那么无论是学生抑或是班主任都会受益良多。

班主任需与科任教师形成一致的班级教育目标，并以此目标统一思想。班主任可常与科任教师互通情况，切磋方法，统一要求，分工合作，以便形成齐心协力的班级教育者集体。例如，班主任可定期召开科任教师联系会，在组织科任教师研究学生思想动态、学习状况的基础上，制订或调整班级目标。通过联系会，科任教师之间也可以达到互相沟通与协调的目的，从而群策群力为班集体发展贡献智慧和力量，避免内耗而形成教育合力。尤其是个别学生的问题，班主任需视情况专门与科任教师沟通，从科任教师处获得专业支持。当然，科任教师有权保守自身与学生之间的小秘密，这也是教育智慧的体现。但对于那些情况较为严重的学生，班主任与科任教师应多沟通合作。除此之外，班主任还可邀请科任教师参加主题班会等班级活动，在班级建设和班级教育中发挥其专长。

2. 向家长借力

对于学生的成长来说，家长是学校的同盟军，是班主任的同盟军。家长通常并不直接参与班级生活，但他们作为学生的监护人对学生个体的影响深远，是班级教育者集体中不可或缺的成员。班主任应该尽量赢得家长信任，尽最大可能与其结为同盟，使其为班级教育提供适当支持。

班主任首先要争取家长认同自己的教育理念，使家长在家庭教育中与之保持一致的方向，进而支持班级管理和班级教育。其次，班主任还要赋予家长对班级教育的知情权、建议权、监督权以及参与决策权，这些权利主要通过家委会来发挥。班主任需要根据家长的意愿和岗位组建家委会，参与班级治理，共商班级愿景，共建班级文化，协同组织班级活动。再次，班主任可号召家长尽量陪同孩子参加学校布置的周末参观、游览等主题实践，一方面可以使家长与孩子有更多的相处交流机会，深入了解孩子，另一方面还可以让孩子的安全有更好的保障，有利于孩子在社会实践中有更充足的体验。班主任还可充分挖掘家长的职业专长、兴趣及其他优势，通过家长志愿者、家长课堂等多种形式为班级提供资源支持，甚至可以允许家委会自主策划社会活动，尤其是那些学校中无法完成或举办的活动。除此之外，班主任也要学会借助家长身份的便利，使其协助解决班级中的矛盾，使家校沟通更为顺畅。有时班主任不方便沟通的问题，也可通过家委会或与某些家长进行协商，进而解决问题。

3. 向其他专业人士借力

作为班主任，成为样样精通的全才并不是明智之举，重要的是要学会识别学生需要哪些帮助，而这些帮助又可以从何处获取。所以，班主任要学会借力，知道何处可借力以及如何借力，尤其是要向专业人士借力，获取专业力量的支持，以发挥出更好的育人效果。

在学校中，除了本班的科任教师，还有很多专业人士，如其他教师、管理人员、工勤人员等，他们都可以成为班级教育者集体中的一员。例如，班主任在遇到较严重的学生心理问题时，可寻求心理教师的支持；遇到家校冲突难以解决时，可向学校中特别擅长与家长沟通的管理者或教师寻求支持；遇到学生因个人选择、兴趣而带来的特殊需求时，可向具有相关学科背景、兴趣和爱好的教师寻求支持；还可邀请工勤人员参与班级活动，借助其专业技能、敬业精神更好地推进班级的劳动教育、生态教育、安全教育、美育等等。

除此之外，班主任还可以充分调动各种校外资源，将校外的专业人士"请进来"，或者将学生"带出去"，促使校内外教育资源联动，共同促进学生成长。这需要班主任不断开发、挖掘各种资源的育人价值，并以适当的方式将资源引入到班级教育中，形成教育合力。当然，这绝不是把教育的权利转让给其他人，这些资源的教育价值如何发挥还有赖于班主任的教育能力和协同能力。所以，班主任要有"资源"意识，在外部环境中寻找可协同的力量，拓展教育资源，合理利用资源之"利"，将其作为教育素材，以促进学生成长。

推荐阅读：

1. 李伟胜. 班级管理［M］. 上海：华东师范大学出版社，2010.

2. 李家成. 班级日常生活重建中的学生发展［M］. 福州：福建教育出版社，2015.

思考题：

1. 如何用教育的视角理解班主任工作？

2. 有人说："加强班级的凝聚力会影响学生的个性化成长。"你怎么看？

第五讲　班主任如何让班级有序？

> **本讲导读：**
> 一个班级的秩序对班主任而言意味着什么？班级有序或无序重要吗？什么是班级的秩序？人们往往会把班级有序仅理解为外在的有规则、有顺序、有秩序。这是基本的，当然也是不够的。理想的有序班级是什么样态？我们应当从哪几个方面理解班级秩序？建立什么样的秩序？如何维持班级秩序？本讲主要包括三个核心问题。其一，对于班主任而言，班级秩序是班级工作的基础，是其他活动顺利开展的重要前提。其二，有序的班级至少包括两个层面，具有内隐性的价值观、精神、品格等方面的内在有序，班规、组织机构、评价制度等方面的外在有序。其三，如何建设有序的班级。在学习过程中，班主任可以集思广益，结合自身实践进行反思性学习。

班级的基本秩序是班主任开展其他一切工作的前提与基础。在班主任工作中，占用时间最多的就是班级管理中的秩序问题。如果班主任不建立、不管理班级秩序，班级就会变得混乱、无序，学生更容易产生矛盾与冲突，无法安心学习与成长，班主任的绩效考核与专业发展等也会受到影响。因此，班主任必须关注班级秩序问题。从理论角度来看，在班级教育中，班主任的主要职责包括教学、管理和教育。这三者都属于班主任的职责范畴，三者相辅相成，均以班级具有正常的秩序为基础。

第一节　班级为何要有序？

有的班主任认为，我的任务就是教书育人，建立班级秩序跟我有什么关系？我负责教书，学生负责学习，各司其职，相安无事。退一步讲，没有班级秩序，学生就不学习了吗？班级就不存在了吗？我就拿不到工资了吗？班级秩序是什么？班级有序，为什么重要？

一、基本含义

秩、序，在汉语中都有常规、次第的含义。秩序，是指事物的有规律的存在方式、状态。

班级秩序包括内在的精神秩序和外在的规范与制度秩序。本讲中的"秩序""有序"主要是讨论在班级管理与组织过程中的规范、规章制度及其建立与维持等过程与内容。

孔子十分强调礼法等秩序。"仁""礼"为孔子思想的精髓，作为基本原则理念贯穿于孔子秩序观的始终。"仁"为"礼"的内核与灵魂，"礼"为"仁"的外在制度框，两者相辅相成，"仁"与"礼"互为支撑、互相补充、互相促进。"依于仁""立于礼"，仁与礼，向内指向仁，向外指礼仪精神、礼法制度以及个人礼貌修养。内修仁，外循礼，则天下有治自然成矣。[①] 孔子的秩序观强调动静相结合。其一，从静态来看，秩序指人所处的时空位置，用孔子的话来说就是要"正名"。"名"即身份，把动态的道德行为附着在静态的身份中，因为通常确定的"名"具有不变性与规定性，其结构具有恒定性和一致性，这样才能使事物成为一个统一的整体，区别于彼事物。其二，就

---

① 周丽娜，李理. 孔子与柏拉图理想秩序观差异性比较［J］. 法制与社会，2013（14）：1—2.

动态而言，秩序是指事物在发展变化过程中表现出来的连续性、反复性和可预测性。人们通过不断地"克己"，不断地"正名"来达到"复礼"的目的。①这对我们理解班级秩序提供了很好的思路。

在古代西方，柏拉图在《理想国》中构建了一个理想的城邦，他强调基于人的自然禀赋进行分工，重视理性在人类的三部分灵魂中的统摄作用。"柏拉图主张通过理性分工实现个人、城邦乃至希腊世界的有序和谐：灵魂三分中突出理智的节制作用；城邦三个阶层公民有序分工中突出哲学家的理性治理；城邦间分工合作中注重发挥良好国家的理性约制。"②柏拉图强调禀赋有差异的人们应当各司其职、各安其位，也就是依据能力进行职责分配。这在班级服务岗位设置过程中也可以借鉴。

依据秩序规范，班级生活领域可划分为以下三类：第一，指向精神与文化领域的秩序。例如，校风、校训、班风、班训中涉及到精神、文化、人生追求等指向精神、价值、道德、情感、文化等相关的内容。如，清华大学校训"自强不息，厚德载物"，指向人的品格与人生格局的规范。第二，指向日常生活交往领域的秩序。例如，学生应当尊敬师长，见到教师要问好，不能随意拿取别人的物品等为人处世的基本礼仪。第三，指向课堂教学等学习生活领域的秩序。例如，上课的基本程序、学生起立向教师问好等相对比较具体的行为规范。

按照是否具有可依据的文本，班级秩序可以分为两类。其一，无形的班级秩序，体现在班级逐渐形成的、相对客观的习惯、传统、风气等精神层面的规则。其二，有形的班级秩序，具体化为班级的规章制度、组织建设、物质文化建设等规定。

二、班级秩序的意义

班级秩序具有重要的意义与价值。秩序作为外在规则，是班级开展活动

---

① 颜峰，罗方禄. 关于孔子秩序观的思考 [J]. 湖南社会科学，2010 (1)：23—26.
② 周丽娜，李理. 孔子与柏拉图理想秩序观差异性比较 [J]. 法制与社会，2013 (14)：1—2.

的前提；秩序作为教育内容，是学生应当具备的基本品格。作为秩序主导者的班主任，应了解、建立并维护具有教育价值的规则。

1. 班级秩序是班级发挥教育功能的基础与前提

作为群体要素的秩序具有悠久的历史。规则秩序是人类从原始人类时期就形成的共同意识。原始氏族部落形成人人平等、合作狩猎的基本规则，这些规则秩序是保证部落存在的核心要素之一。"人的社会性决定了秩序对人的必要性，秩序同物质生活资料和精神文化一样成为人类公共的需要，秩序的生产和供给也就成为社会公共的事务。"[①]

班级作为一种学生生活共同体，秩序是其重要组成内容。秩序的维持需要一定的规章制度。制度是一种契约，作为人的行为的外在约束，传递人与人之间共同遵守的契约精神，提供人在社群中获得利益的办事规程或行动准则，对于维持共同体的有序发展必要且必需。[②] 从班集体建设的角度来看，班级至少应包括班级目标、组织机构、行为规范、集体活动和人际关系、评价。其中行为规范、保障规范运行的组织机构与人员是维持秩序的支柱。有了基本的秩序规范，班级各项活动有章可依，才能顺利进行。

2. 班级秩序是教育的重要内容

学生进入学校领域中，首先应当学会掌握基本的学校生活秩序，这是教育内容的重要组织部分。

其一，从学生个体角度来看，学生应当了解基本的秩序，遵守基本行为规范，提升个体社会化的技能，学会过公共生活，养成公共精神。班级公共生活是指在具有公共性的班级规则下，师生作为平等的权利与义务的主体，以促进公共利益和公共精神为价值追求，民主地参与协商的交往活动过程。[③] 在秩序的基本保障与规范下，公共生活才能顺利进行。此外，学生的成长需要秩序的约束与引导。从构成人员来看，中小学班级由少数成年人与一定数量的未成年人构成，未成年人在自我保护、自我控制、遵守秩序等方面存在

---

① 郭湛，王维国，郑广永. 社会公共性研究［M］. 北京：人民出版社，2009：15.

② 赵冬冬. 制度公正、审议民主抑或个人权威——中小学班级管理的政治哲学探讨［J］. 教育学术月刊，2019（1）：36—43.

③ 王慧. 班主任的情感素养与班级公共生活［M］. 成都：四川教育出版社，2022：41.

一定的局限性。因此，需要班主任等教师的教育与指导。杜时忠指出，"制度是生活方式"，良好制度引导学生将制度的价值导向与个人的道德动机和道德行为，经过内化与外化双向机制，生成良好、稳定的品德。[①]

其二，从班级对学生发挥的功能来看，它主要包括归属功能、社会化功能、个性化功能、选择功能和保护功能。社会化是指个体在社会影响下，通过社会知识的学习和社会经验的获得，形成一定社会所认可的心理—行为模式，成为合格社会成员的过程。学生社会化包括对社会生活的秩序与规则的掌握、习惯养成，以及对秩序背后的思想意识和价值观念的习得。杜时忠指出，符合道德要求的制度能替人做出重大决定，包括道德决定。[②] 合理的规则秩序可以保护群体成员，它是学生应当适应且掌握的生活规则及系列价值观。

其三，从国家教育层面看，懂得并遵守秩序是未来公民的必备素养。我国要实现中华民族伟大复兴，就必须培养社会主义合格公民，建设社会主义法治国家，其中秩序与规则意识及其教育就是必要内容与基础。班主任应以班级生活为中介，引导学生树立合理的秩序观，形成良好的公民品格。

3. 班级秩序对班主任的意义与价值

班级秩序是班主任工作顺利开展的重要前提与保障。班级的基本秩序是一切教育活动顺利开展的基础。班主任工作的首要内容就是建立班级秩序，以方便班级生活的各个层面的事务顺利进行。

其一，建立班级秩序是班主任工作的重要内容，是班级工作的起点。虽然班主任工作可依据国家、学校的基本规定开展，但是国家与学校的规定相对抽象，不涉及具体层面的班级生活，班级层面的事务必须依靠班主任确立秩序，以便有法可依。例如，班级卫生打扫需要班主任确定规则。又如，学生放学需要排队出班、出校园，如何排队、走哪条路线等这些秩序就需要班主任建立。

其二，对学生进行秩序的教育是班主任的工作内容。秩序的教育，是班主任进行班级管理、班集体建设的重要内容。班主任进行秩序等相关内容的

[①] 杜时忠. 制度何以育德？[J]. 华中师范大学学报（人文社会科学版），2012（4）：126—131.

[②] 杜时忠，张添翼. 三论制度何以育德[J]. 教育学报，2020（4）：20—29.

教育可以在一定程度上减少学生的冲突与伤害，保障学生安全，促进学生发展。师生在班级生活的基本秩序层面达成共识，班级生活才能顺利开展，班级才有可能迈向精神情感共同体。

其三，班级是否有序，这是班主任教育效果标识之一。班主任工作的结果主要表现为两方面，学生个体与班集体。学生内在的秩序感、外在的秩序行为，班集体有良好的纪律，这些都是班级秩序的重要内容，都标志着班主任的教育结果。

三、当前班级秩序领域存在的问题

班级秩序有广义与狭义之分。广义的班级秩序，指班级生活的有条理有规律的整体状态；狭义的班级秩序，指班级的规章制度及其组织架构的状况。

从广义的班级秩序而言，在班主任工作中，班级维持秩序的水平与状态可以分为三个层次：其一，控制与应付层面，即班主任对班级秩序的理解与维持主要依靠家长制，主要手段是强制、控制、压制等，忽视班级秩序的建设及其作用，班级没有明确的规章制度，班级建设主要是学校推着走。其二，规范与管理层次，即班主任能够意识到秩序的重要作用，能够运用一定方式建立规则、依靠规则进行管理与教育，班级建设总体状态有条不紊。其三，领导与超越层次，即班主任能够积极主动制定、运用规则保障班级秩序，充分发挥创造性与领导力，超越学校对班级工作的一般要求，积极进行班集体建设，注重班级精神文明建设，班级整体状态有规则、有秩序、有活力。

从狭义的秩序来看，即在班级规范与制度的领域，目前主要存在以下几个问题。

第一，规则的单向化与浅表化。从文本的价值层面来看，拘泥于琐碎且缺少价值引导性。一方面，文本层面的内容过于琐碎，成人对儿童单向要求，强调对外在行为的管控，存在管理过度的现象。这是以成人的立场对学生遵守纪律的单方面的要求。从秩序与自由的关系来看，过于强调班级秩序，忽视了学生的心理发展与自由。例如，有的班级以"静"为班级建设宗旨，要求学生课上安静、课下安静，而这是违背儿童活泼好动的本性的。另一方面，从价值引导性来看，班级规章的文本内容不能为自身提供价值支撑，要求内容浅表化，即要求中小学生遵守过于琐碎、表面的基本行为规范，学生难以从规范中获得为何如此行动及其道德理由。

第二，指向性错位。其一，班规的内容应指向如何行动，而非禁止如何行动。班级规范的内容忽视了对学生言行的指导意义，未能指引学生应当如何行动。与之相反，内容多聚焦于错误行为及其惩罚，强调禁止、不应、不可等。其二，从是否遵守班规的结果来看，教师存在以下预设，即遵守班规属于正常，不遵守班规要接受惩罚。因此，维护班规的方式中奖励较少，惩罚居多，甚至有的班规中还存在不公正的"连座"。在理想层面，秩序要求群体的外在约束力与个体内在的自律相统一，自律是纪律教育的目的，维持秩序需要逐渐培养学生的自控自律能力。

第三，成人化与形式化。由于规章制度的制定、执行以成人为主，所以缺少儿童视角，远离学生生活世界。目前在学校制度中，学生的需要处于被忽略的状态。学校规章制度均是成人的要求，而非体贴儿童的制度。这就产生了"形式上的制度"，它不关心学生的心理需求和外在言行，忽视学生精神培育的需要，难以发挥对学生言行的指导作用。此外，部分班主任将规章制度等相关内容的工作视为负担，疲于应付、流于形式。

第二节 有序的班级是何种样态？

无序的班级总是忙忙乱乱，班主任"日理万机"，一馈十起，"按下葫芦浮起瓢"。有基本秩序的班级，有条不紊，班级生活具有基本的规则与秩序，学生可以按部就班地开展活动。

从隐性与显性的维度来看，有序班级的理想图景包括内在与外在的有序。班级的内在秩序是指人的秩序感、规则观等，也包括班级的精神文明、班级整体的精神状态与文化样态。例如，班级总体氛围严肃且活泼，班级生活有条不紊、"活而不乱"，人人有事做，事事有人做；学生在班级中获得安全感、自尊、自信、惬意感等，学生有责任感、有集体观念，学生承认班级精神与情感上的可信、可依靠；师生关系和谐、彼此关怀、互敬互爱，学生遵守外在规范，具有精神自由与独立自主的人格。班级外在的秩序，主要指显性的班级的规则、活动秩序、学生言行等。本节依据从内在秩序到外在秩序的顺序讨论这一问题。

一、内在的有序

班级内在的有序主要是指人的内在精神、情感的有序和班级的精神文明建设。人的精神情感的内在秩序感、规则观念等在此不做重点考察。个体的精神有序与班级精神文明互为表里，互相支持，互相强化。

班级精神文明是班级全体成员在长期交往互动过程中逐渐形成的相对稳定的心理倾向、精神风貌与气质类型。班级的精神文明属于价值层面，是班级秩序的精神内核，具有一定的稳定性，是集体作用的结果，它反映出班主任的班集体建设水平。

班级的精神文明内容主要包括班集体及成员的价值取向、班风、班训、学风、班级舆论、人际关系等侧重精神、情感、价值观层面的内容，还包括班级物质文化、环境所折射出的精神、价值取向、气质、品格、形象与风貌等。

班级精神文明对班集体及其成员具有引导、调节、评价作用，对班级秩序也同样如此。简而言之，引导作用是指通过集体对其中的群体或个体的言行进行积极正面的引导，调节是指支持或反对某些言行，评价是对群体或个体及其言行进行价值判断。如果班级具有良好的精神文化，班级的总体方向会越来越好，反之亦然。

班级精神文明建设可以从以下层面考虑。

第一，了解学生，确立班级精神文明的目标。如果学生多以留守儿童为主，那么班级精神文化应主要考虑温馨、关怀等情感目标。有的中学班主任总是抱怨生源差，学生的学业成绩差，没有学习自信，那么班级精神文明建设的首要任务就应以树立学生自信、振奋士气为主。例如，天津市静海区优秀班主任刘云霞就面临学生对学业没信心的情况,将班级名称命名为"士气班",建设有士气的班集体,士气包括志气、争气、和气、正气四个阶段。①这一探索成功后,她带的班级都称为"士气班"。由于具有了以往的班级传统,后续的士气班更加意气风发。

案例:在班会上由学生自己确定班级名称、班训、班级口号和班级愿景②

班主任:今天我们进行全班交流,每个小组展示一下你们拟定的班名、班训、班级愿景,然后采用小组评议的方式,进行集体评议,最后再集全班的智慧确定我们班的班级口号和班级愿景。

小组发言……

小组交流完成后,班主任进行总结……

随后确定班名为"鹰之班"。

各小组踊跃讨论、交流,同学们各抒己见,然后拿出小组中比较倾向的意见在班内交流。大家认为虽然各组的提议都很精彩,但与"鹰之班"的精神还有一点距离。这时四组提议:"我们组认为,既然我们是'鹰之班',我们就是一只只奋飞在理想路上的雄鹰,就应该像雄鹰一样去搏击长空。我们是一个团体,又是一只只勇往直前的鹰,我们既要团结,又要超越,所以我们组的意见是把班训定为:'和谐、竞争、拼搏、超越'"。

随后,全班又确定了班级口号:"搏击长空,展翅翱翔。我是雄鹰,我必飞翔!"

班级愿景是在组际间进行的,每个组陈述自己的见解,班主任汇总大家的意见,集合所有同学的智慧,确立班级愿景是:"打造经典,创造一流,为美好的明天而奋斗!"

第二,开展集体活动,重视榜样作用,引导精神风气,形成良好的班级传统。班级精神文明传统的形成需要一定的时间,具有相对客观的发展阶段,

---

① 刘云霞. 建设有"士气"的班集体 [J]. 河南教育(基教版), 2009 (2): 28—29.
② 赵秀英. 一堂班会课 [J]. 人民教育, 2014 (15): 28—30.

需要班主任积极主动地引导与建构，需要学生积极践行。例如，"雷锋班"有乐于助人的传统，所有雷锋班的学生都会逐渐内化这一班级传统。班级精神文化应当具有包容性，支持全班同学的德智体美劳等全方面发展。

第三，以美的精神为指引，设计文化标识，表达班级精神。苏霍姆林斯基说，一所好学校就是一座图书馆，应当让学校的每一面墙壁都说话。班级标识发挥着隐性课程的功能。班级标识应当具有针对性、引导性、全员性的特征，为班级成员提供道德与人生意义的引导、集体归属感等。

第四，营造健康的舆论，建立顺畅的信息沟通渠道。班主任的重要工作之一是进行班集体建设，营造良好班级舆论。例如，班主任可以设置班级日记，每名学生都参与撰写班级日志、定期开会讨论班级事务等，学生可以在班级日记中讨论班级事务、倾诉心事等。

此外，集体荣誉感是班级舆论的重要内容，应当使每位学生都因身在班级而感到骄傲与自豪。情感不仅具有私人私密的属性，还具有共通性与群体性。属于某一群体的共同情感，是维持该群体存在的重要纽带与动力。班集体建设需要好的目标、大量的集体活动，这些集体活动应指向集体荣誉感，应全员参与、全员贡献、全员获得激励。例如，学校的纪律评比活动，班主任对学生的期待就是"让流动红旗不再流动，留在咱班"。这一口号就是良好的舆论，可以激发学生的集体荣誉感。为了荣誉，学生会尽量克制自己、彼此监督、互相帮助。

第五，建立以信任为基础的情感性人际关系。情感与人的生存发展的关系是多方面的，人的情感机制参与人的对象化活动的一切领域和全部过程。无论是婴幼儿还是成人，情感都是最先接受信息的途径。中小学生以情绪情感体验作为最主要的接受信息的方式，情绪性思维是他们的主要思考方式。因此，班主任应关注学生的情绪情感，无条件地接纳与倾听学生，在此基础上引领学生，从而与学生建立情感性师生关系。

班主任应主动建立情感性师生关系，以信任为首要条件。学生出于对彼此的爱与信任从而遵守秩序。爱和信任作为学生获得安全感的基础，"在教育过程中，确保儿童获得安全感，使儿童始终感到自己在受到关心、爱护和信任"。① 良好的师生关系可使学生获得情感与道德的滋养。教师信任学生具有发展的可能性和可塑性,信任学生可以充分发挥人性的光辉。

信任建立的过程至少包括三个核心阶段:(1)人格型的信任,即一般性的信任关系,相互认可和接纳,而不是提防、对抗和斗争。(2)认知型的信任关系,即教师充分了解学生以便可以充分预测学生的行为。(3)情理交融型的信任,即在前二者的基础上,长期的交往实践使师生之间产生了情感联结,彼此充分信任。② 即便学生违反纪律,教师也可以采用动之以情、晓之以理的方法;即使惩罚学生,班主任也依然拥有学生情感上的信任与认可。这一过程中,师生均相信对方有良好的动机与目的。

另外,学生也可以主动与教师建立良好的人际关系,师生之间的信任、关怀等情感性关系的主体是可以互换的。在现实中,很多教师都被学生的宽宏大量、不记仇、喜爱教师、纯真可爱等感动,这就是学生给予教师的情感滋养。

此外,班级精神文明等内在秩序的建立,还需要考虑师生的秩序感、有秩序的品格与行动等内容。朱小蔓指出,秩序感正是人们在把握和创造秩序的过程中,引起了内心诸种心理功能的和谐运动,使得生命结构与之发展同构和契合,从而产生的愉悦、兴奋、舒服的感觉。③ 7—8 岁是儿童走出自我中心,关注人际和谐的重要阶段。该阶段是儿童人际秩序感形成的关键期,首要感受的是以平等为内容的公正感。因此,小学班主任需要格外注重平等、公正等班级的价值秩序。

案例:"挑战班"班规

没有"愚蠢的问题",也没有"愚蠢的答案"。

没有一个人是完美的。

---

① [德] O. F. 博尔诺夫. 教育人类学 [M]. 李其龙,等译. 上海:华东师范大学出版社,1999:3.
② 王慧. 培育学生高尚的情感 [N]. 中国教育报,2022-07-14.
③ 易晓明,朱小蔓. 初论秩序感的教育价值及其教育建构 [J]. 教育研究,1998(7):10—14.

接受你的有限，说"我不知道"是没有关系的。

你有权利不参加课堂讨论。

在这里冒险，尝试新的东西。这里是让你大显身手的地方。

如果你不懂，问。如果还不懂，再问。

如果你不同意，说出来，并且告诉别人你的想法。

不要针对个人进行批评，而是对他人的意见表示赞同或者不赞同。

嘲笑、打击和讽刺他人是不被允许的。

有自己的想法是件好事。

二、外在的有序

如果说班级内在的有序具有相对的精神性和隐蔽性，班级的外在有序就更加外显，更强调规范、制度、机制、人的言行等可捕捉、可观测、可适度评价的维度。依据外在有序的过程，本部分先讨论班规，之后考察班规的执行机制与人员，即班级的组织机构与人员，最后分析评价部分。

1. 班规确定班级生活的基础秩序

班级规章制度是指由班级管理者引导、学生共同参与，根据《中小学生守则》《学生行为规范》以及班级奋斗目标，为保证班级正常的秩序而制定的，是学生在校学习、生活中所必须遵守的行为规则，也是约束成员的准则，有助于学生道德养成。主要包括学习常规、考勤常规、基本行为规范、卫生执勤、奖惩等内容，是班级学生的行动准则与奖惩依据。[①] 班级规章制度是班级管理的必要条件与重要内容。

班级日常生活的规范可以有多重分类方式。班级生活具有很强的时间性与节律性，因此，班级规章制度中有很多属于常规性质的内容。按照时间频率划分，包括一日常规、一周常规、月常规、年度常规等。按照事件发生频率划分，如常态活动规则、偶发事件与突发事件的规则等。

---

① 齐学红. 班级管理的制度系统［M］. 武汉：武汉大学出版社，2011：100.

按照主体来划分,包括班干部选举、岗位职责、工作程序常规、工作内容常规;作为学生的权利、义务、职责等内容规范;值日生的值日标准;家长等利益相关者的权利、义务、职责等规范。例如,魏书生把班级的职位与具体的管理职责清晰地呈现出来,这有助于学生明确彼此权利与责任的边界。

表 5-1 魏书生的岗位专人责任制[①]

职位	具体管理职责
常务班长	全面负责班级各项活动的开展;及时向同学传达各项活动的具体要求,并组织同学将要求落到实处;班主任在校时,及时听取其对班级管理的意见,不在时,代行其责权指挥班委会成员开展工作等。
学习委员	负责各考试科目学习活动的组织与指导工作;负责指导各科课代表开展工作;负责考试前每位同学的考场安排及试后各学科成绩的统计;负责指导同学互助等工作。
生活委员	负责协助班长维护班级纪律;负责收取班费、书费等班级费用,并记好各项费用的往来;负责班级卫生的指导工作,组织好全班大扫除;负责班级同学的服装、发型、零食等的管理;负责郊游的组织工作等。
体育委员	负责全班各项体育活动,具体包括:带领同学们做好课间操,上好体育活动课,准备好队列体操比赛、运动会等;协助体育老师上好体育课;负责全班同学身体检查工作等。
文艺委员	负责组织班级各项文娱活动;负责课前一支歌的确定、起调;负责"班班有歌声"活动以及国庆节、教师节文娱节目的编排和新年联欢会的编排导演工作等。

按照活动内容划分,包括学习生活常规和班级教育活动常规。教育活动常规具体如少先队队会、例会、周会、班会和节日、纪念日等活动,以及教室环境布置、植物角、图书角、墙报、黑板报等内容。

班级规章制度应至少符合以下几方面要求。

第一,班级规章制度应符合公正、民主等基本价值理念。班级规章制度应符合社会主流价值观的要求,秉持平等、公正、民主等价值观;应对所有学生一视同仁,即同等情况同等对待;应当符合民主观念的要求,在制定、

---

① 魏书生. 班主任工作漫谈 [M]. 桂林:漓江出版社,2014:172—174.

执行等全过程考虑全体师生的诉求与权利；应当遵循少数服从多数的原则，同时多数人应考虑少数人的权利。

第二，班级规章制度应当具有公共性与道德性。班级属于公共化的生活场域。班级规章制度应为班级公共生活奠定良好的制度基础。规章制度应当是班级的伦理底线，在具体执行中，班规不应被理解为歧视纪律或学业成绩不良的学生、女性学生、家境贫穷的学生等，任何人也不应当因为权力、金钱等资源享受优待。班规应共有、共享、共建、共治，应指向公益心与责任感。这要求班级规章制度指向公共道德，导向集体主义，导向合作而非竞争。

第三，班级规章制度应具有一定程度的开放性与容错性。从过程的角度来看，学生作为儿童，发展性是其重要特征，因此，班级规章制度不能一成不变，需要保持开放，以便适时调整。从人的成长与学习过程来看，犯错、试错是学生成长过程中的重要环节，必不可少。错误是人生的重要组成部分，是学习的必要组成内容。因此，班级规章制度不能苛刻、刻板，不能采用"违法必究"的精神，而应在人性、儿童性的基础上，本着教育学的立场，允许、宽容、包容学生的小错误，让儿童在安全、无恐惧的氛围中健康成长。

第四，班级规章制度应具有适度的稳定性和系统性。前文提到，班级规章制度是师生共同遵守的系列准则，这需要一定时间的"练习"后形成习惯，因此，应当具有一致性、稳定性、可操作性。系统性是指班级规章制度应成为一套体系化的规则，相互配合。秩序在社会中必不可少，所谓"无规矩不成方圆"。哈耶克指出，在社会生活中，明显存在着一种秩序、一贯性和恒常性。如果不存在秩序、一贯性和恒常性的话，则任何人都不能从事其事业，甚或不可能满足最为基本的需求。[1] 规矩是人们共同生活的基本保障。

第五，班级规章制度应当具有人文性与情感性。规则应当具有人文情怀，规则是调节人与他者之间的关系，其目的应当是服务人、关怀人，而非压迫、束缚、控制人。班规应考虑学生的道德发展，以支持鼓励为主，重奖励轻惩罚。

---

[1] ［英］弗里德利希·冯·哈耶克. 自由秩序原理（上）[M]. 邓正来，译. 北京：生活·读书·新知三联书店，1997：199—200.

案例：克拉克的五十五条班规[①]

（1）说话先要讲礼貌。

（2）用眼睛和他人沟通。有人对你说话时，眼睛要注视着他；有人发表意见时，你的身体和脸要正对着他。

（3）真诚祝贺获胜者。

（4）尊重别人的发言与想法。

（5）自己有什么好表现，不要炫耀，输给别人也不要生气。

（6）如果别人问你问题，你也回问他问题。

（7）打喷嚏、咳嗽都要说对不起。

……

（36）进门时，如果后面有人，帮他扶住门。

（37）别人碰到你，不管有没有错，都要说声对不起。

（38）进行校外教学时，无论到哪一个公共场所，都要安安静静。

（39）去参观别人的地方，要不吝于赞美。

（40）全校师生集会的时候，不要讲话。……

此外，班规需要考虑公共与私人的界限，虽然班级是公共生活的领域，但是班规不可侵犯学生隐私。如果班级有条件，班主任可以设置一个空间，让学生有偶尔独处的时空。班规需要考虑清晰与模糊的界限，过于琐碎可能导向管理主义，过于模糊可能会使班规形同虚设，班规还需要为学生自主创新班规留有余地。

案例：班级管理的三大系统[②]

魏书生说，我们班级从三个方面进行科学管理，即建立计划立法系统，建立检察监督系统，建立反馈系统。

---

① ［英］罗恩·克拉克. 优秀是教出来的：创造教育奇迹的55个细节（白金版）[M]. 汪颖，译. 北京：电子工业出版社，2017：1—7.

② 魏书生. 班级管理要靠科学与民主 [J]. 中国教育学刊，1989（4）：14—19.

计划系统包括空间、时间和偶发事件三个子系统。

(1) 从空间上讲，我们提出了"班级的事，事事有人干；班级的人，人人有事干"的口号，即一个管理得好的班级，不应该出现没人管的事，也不能有不为班集体做实事的人。我们经过商量、讨论，逐渐完善班长责任制、班委会成员责任制、图书保管员责任制、值日班长责任制、物品保管责任制、分扫区责任制。这些制度都比较明确、具体。

例如，值日班长责任制规定：每天设一名值日班长，全班同学按学号轮流当。值日班长有十条职责：①负责统计当天出席情况；②处理当天班级偶发事件；③带两名值日生搞好室内卫生；④组织全班同学上课间操；⑤组织上好眼保健操；⑥往黑板上写一条格言；⑦办好当天的班级日报；⑧组织同学上好自习；⑨组织好当天的长跑活动；⑩参加当天学校召开的班主任或班干部会议，完成学校布置的工作。这样明确、具体的制度使没有当过班干部的同学也很容易执行。

(2) 从时间上讲，我们提出了"事事有时做，时时有事做"的口号，即每一件该做的事，一定事先安排好具体做的时间，不然的话，做事就常常成为空话。每段时间都要有明确、具体、有意义的实事可做，这个实事也包括休息、娱乐、吃饭，使学生的生命之舟减少盲目性，增强计划性。经过长期讨论、实践、修改，我们逐渐完善了一日常规、一周常规、一月常规、学期常规和学年常规。

(3) 对偶发事件也尽可能制订具体的计划，设计细致科学的程序。

检察监督系统包括自检、互检、班干部检查、班集体检查和班主任抽检五种检查监督方式。这些监督和检查措施保证了班规、班法的顺利执行。

反馈系统包括个别讨论反馈、班干部反馈、班集体反馈和家长反馈四种反馈方式。

有了较周密的计划、较完备的班规班法，再建立了检查监督系统和反馈系统，班集体的管理就基本走上了科学的轨道。

2. 有合理的组织机构与人员设置

班级组织建设，通常是指班级服务人员的岗位设置及其职责安排。班级岗位设置、服务与管理的人员可以称之为班干部，也可以称为公仆、服务人员、负责人等。

此处之所以既提"班干部"，又提出其他名称，是因为班级干部的设置类似于社会组织中科层制的设计，其中涉及权力及其上下级的服从关系。学界对班级中的科层制、学生担任班级干部、了解权力运作这件事情褒贬不一。

一方面，担任班级干部有助于学生社会化，学生可以学会履行职责、承担责任、同情理解与沟通、管理与领导等能力；学生参与班级事务有助于缓解教师压力，这本身也是教育过程，体现了教育的民主精神。

案例：每位学生都是副班主任[①]

班主任魏书生就十分重视学生自治问题，他指出每名学生都是班级管理的主体。他在文章中写到，每位学生都是副班主任。具体内容如下：

1985年我到外地讲课，散会后青年教师围住我非让我签名留念。有的让我写一句关于班主任工作的最重要的话，我便写了这样一句话，"坚信每位学生的心灵深处都有你的助手，你也是每位学生的助手。"

1986年5月有学生问我："还能做我们的班主任吗？"

"为什么不能？"

"我们看您太累了，抓教学工作，还要办工厂、搞基建，接待各地客人，外出开会，哪还有时间管我们呢？"

"那我就请副主任来管嘛！"

"副班主任在哪？"

"就在每位同学的脑子里。"

去年我也常跟两班学生说："我带班靠的是在座的135位副班主任、135位助手。"

如果大家脑子里的助手都帮老师管班级，班级工作一定井井有条。反过来如果学生不做老师的助手而做"对手"，不要说135个对手，就是一个对手，我也对付不了。师生建立起互助关系，便减少了许多猜疑、对立，甚至

[①] 魏书生. 班级管理要靠民主与科学 [J]. 中国教育学刊, 1989 (4): 14—19.

斗争。师生关系和谐了，班集体便有力量克服前进中的阻力。

另一方面，部分学者认为学生过早了解科层制，掌握权力者可能会不恰当地行使权力，滋生权力腐败、产生权力寻租等；未掌握权力者容易形成服从与被奴役的心理，这都是对学生纯真心灵的污染，不利于学生身心健康发展，不利于形成独立人格。

尽管如此，我们必须承认，学生在班级中承担一定的职务，这一过程本身具有极大的教育意义，教师在实际操作中应具有教育敏感性，及时发现弊病，及时采取教育措施。

案例：日本小学里没有班干部[①]

在日本的小学里，没有"好同学""差同学"这一说，也没有班干部。一个班里没有班干部，那么班级里的所有事务莫不是都得由老师来管、来做？不是的。虽然班里没有一个班干部，可每个人都有一份自己的职责，所以准确地来说：人人都是班干部！

首先说值日。班上每天都有一个值日班长，每节课开始之前，值日班长负责叫起立，大声道："请向老师致礼！"然后全班同学齐声说："老师好！"每堂课下课时，还有一次致谢礼。这就是值日班长的主要工作。这个值日班长是每天按座位依次轮换的，所以每个同学在一个学期里都会轮到几次。当然，这里面有大胆的，声音很响亮；有腼腆的，声音则细小，但这些都无妨，关键是让每个同学都感受一下做"班长"的感觉，并体验一种责任感。

接下来是小组长。中午吃饭的时候，前后五张小课桌拼起来就是一张大餐桌，围在一起吃饭的五个人便成了一个小组。小组的组长也是大家轮流当，每当班级的活动需要以小组的形式参与的时候，小组长就必须负起责任来了。

学校没有餐厅，每天的午餐是在各自的教室里吃的，而用餐时的服务也是由孩子们自己轮流来做。中午下课之后，"用餐值日小组"的同学便穿戴好

---

① 陆浣. 儿子在日本上小学之二：人人都是班干部[J]. 教学与管理，2007（7）：63—64.

专用的厨师衣帽和自己的口罩,来到走廊里的一个指定位置,厨房工作人员已经将烧好的饭菜和餐具放在那里了。将东西搬进教室后,他们各司其职,开始分配,盛菜的盛菜,盛汤的盛汤,发牛奶的发牛奶……其他同学则排队领取食物。吃完后如果觉得不够自己可以去添,但余份不会太多,只要不是碰到孩子们特别喜欢的饭菜(如咖喱饭之类),一般来说都是恰到好处。这个用餐值日要连续一个星期,到了周末,他们必须将用了一周的"厨师服"拿回家洗干净,周一再带去交给下一个小组的同学。

儿子在小学四年多,就曾经做过"鞋箱清扫员"、"宅急便员"(负责给老师传递东西)、"体育员"、"门窗、电视、电灯员"(负责开关门窗、电视及电灯)、"保健员"、"计划员"(班里有活动时,组织讨论)、"动物、生物员"、"失物管理员"、"小先生员"等等。这些小"员"的产生,并非老师指定,而是大家毛遂自荐。

一般而言,班级组织机构主要包括以下三类:某一学科课代表等学科岗位、班级内部事务的管理服务岗位、少先队团委系列岗位。通常,学科类岗位主要由任课教师负责选任。班级事务类角色一般由班主任全权负责。此外,班主任还可以设置助理班主任或副班主任,还有学校层面的学生会系列、社团或兴趣小组系列岗位等。

需要指出的是,在班级建制的过程中,少先队中队干部设置经常被忽视。中队干部的设置一般由中队辅导员负责。多数中队辅导员由班主任担任,少数地区学校有专门聘任的中队辅导员。中队委员会可以由3至7人组成,根据工作需要设队长、副队长、旗手和学习、劳动、文娱、体育、组织、宣传等委员,中队由两个以上的小队组成,小队由5至13人组成,设正副小队长。[①]

通常班级干部需要发挥的功能有:榜样、管理、协助、组织、自我教育等。班级干部产生主要有选举制、任命制、轮换制三种。班主任在具体执行

[①] 中国少年先锋队章程(2020 修订)[EB/OL]. (2020-7-30) [2023-2-12]. http://zgsxd.k618.cn/zqhg/201703/t20170310_10578693.html.

过程中可以依据学生能力与班级事务实际需要采用一种或多种方式相结合。

3. 有相对完善的评价激励体系

班主任进行班规制定时，应当合理设计评价及奖惩部分。评价应发挥测量评估的作用，更应发挥激励作用。目前班级管理中，班主任通常采用激励评价体系等方法进行评价。例如，代币制、小红花、红领巾奖章评价激励体系、学校或班级自创的激励体系等。

班规的评价应包括班级生活的全部内容，指向学生发展的全部内容，而不能仅针对学习成绩、是否遵守纪律进行评价。

奖励与惩罚在班级管理中运用较多，是常见的教育方法。需要注意的是，奖惩本身不是目的，学生的自我管理与自我教育才是目的。在使用奖惩时应注意以下方面。

第一，奖励与秩序一致的言行。奖励具有人性的内在基础，奖励意味着获得他人的认可与鼓励。奖励应更多指向精神与意义世界，指向学生的荣誉感等内在情感与品质。应尽量减少物质奖励，以免外在物质奖励成为唯一目标。奖励可以为后续行为提供更多动力。

第二，惩罚与秩序要求相违背的言行。班主任不应滥用惩罚，应注重尊重保护自尊心；惩罚之前应关心学生违规的原因与动机；惩罚指向学生的违规行为，不指向品质与品格；惩罚不是目的，不可使被惩罚者产生恐惧心理；惩罚旨在促进发展，对同类言行具有指导意义；彼此认可惩罚合理性，学生树立改正的意愿。

惩罚尤其应当尊重与保护学生的自尊心。自尊是教育的基础。自尊心的负面机制为羞愧。惩罚发挥教育作用的机制就是羞愧感。朱小蔓指出，羞愧感在儿童身上的发展主要经历三个阶段：（1）羞涩感和自我意识的发展，"羞耻（愧）感以人的自我意识的产生为基本条件"；[①]（2）由羞耻（愧）感发展到是非心、荣辱心；（3）通过羞愧感发展出反思能力。如果学生因做错事情产生了羞愧，就说明情感机制已经发挥抑制作用了，教师仅需点到为止。

第三，奖励与惩罚应当具有内在一致性，即二者均指向共同的教育目的。

[①] 朱小蔓. 情感德育论 [M]. 北京：人民教育出版社，2005：174.

奖惩均指向学生自律。如果学生要形成控制感，就得依靠自我行为体验状态的变革。

奖励应尽可能的多，目标与类型应多种多样，学生努力均可获得。惩罚应严格谨慎，严格遵守相关法律法规，不违反教师职业道德的相关规定。

综上，有序的班级包括内在的行为规范、思想价值观念的有序，外在的礼仪层面的举止文明、交往有度、遵守秩序的有序。

从理想层面来看，有序的班级应当是一个良好的儿童集体。马卡连柯提出集体有三个基本特点，集体应当具有共同的目的和共同的劳动，在劳动的共同组织中把人们团结起来；集体应当与整个社会中其他一切的集体有机联系；必须有代表集体和社会利益的责任的管理及协调机构。①

良好的"儿童集体"应具有以下六个主要特征。（1）具有社会价值的共同目标。"真正的集体并不是单单聚集起来的一群人，而是在自己面前具有一定共同目标的那种集体。"②（2）共同的活动。"集体只有当它显然是用有益于社会的活动任务来团结人的时候，才可能成为集体。"③（3）集体成员之间相互负责的关系。"集体成员之间的关系不是个人对个人的关系，而是同志关系，是集体的一个成员对另一个成员的关系。"④（4）组织各种自治机构。集体的自治机构是"为实现共同目标协作活动的形式"。（5）纪律、制度和舆论。纪律是达到集体目的的最好方式。制度则是组织集体活动和确定集体成员行为标准的形式。"有很高威信和值得敬爱的学生集体的社会舆论的监督，能够锻炼学生的性格，培养学生的意志，能就学生个人的行为培养起有利于整体的习惯。"⑤（6）工作作风和传统。此处是从良好儿童集体的要素的角度进行论述，这对我们下一部分如何建设有序的班级提供了可供借鉴的思路。

总之，班集体建设、对学生的管理与教育不是一蹴而就的，它需要系统

---

① ［苏］马卡连柯.论共产主义教育［M］.刘长松，杨慕之，译.北京：人民教育出版社，1954：41—42.

② ［苏］马卡连柯.论共产主义教育［M］.刘长松，杨慕之，译.北京：人民教育出版社，1954：334—335.

③ 吴式颖.马卡连柯教育文集（上卷）［M］.北京：人民教育出版社，1985：15.

④ 吴式颖.马卡连柯教育文集（中卷）［M］.北京：人民教育出版社，1985：113.

⑤ 吴式颖.马卡连柯教育文集（下卷）［M］.北京：人民教育出版社，1985：92.

性、整体性和全时空的教育与熏陶。

第三节　如何建设有序的班级？

本节主要讨论班级秩序的建立与维护的相关内容。首先，探讨班级秩序建立的过程，从开端、过程、目的三个维度进行讨论，其中起点与过程可以在实践中因人而异、因班而异，目的则是最终的价值判定标准。其次，探讨维持班级秩序的具体方法，方法的数量、顺序等需要班主任因地制宜，这一过程需要班主任与全体学生共同努力，促进学生个性的自由且全面发展。

一、秩序建立的过程

一个新成立的班级需要建立秩序。依据实践过程与学生身心发展阶段，秩序建立可以分为三个主要阶段，即班主任一人规定基本秩序，师生共同参与建立秩序，学生集体自主建立秩序等。当然，在实践中具体情况因人而异。

1. 开端：班主任建立秩序

班主任建立班级秩序具有优点与不足。一方面，班主任具有丰富的工作经验，足以制定出符合学生发展需要的规章制度，这有助于学生迅速了解在班级中生活的规则，更好与他人相处，融入集体，掌握班级公共生活的规则。

另一方面，班主任单方面制定的规则，有可能存在规则要求的成人化、单向化、管理主义等多方面问题，这就难以得到学生认可，不利于调动学生积极性。因此，在班级生活中可能存在另一套实际执行的班规，这就迫使班级治理从法治走向人治。

班主任建立秩序与自身能力息息相关，这就需要班主任在实际工作中努力提升自己的专业素养。

2. 过程：师生共同参与建立秩序的协商过程

在师生共同参与建立班级规章制度的过程中，班主任应发挥指导作用，学生发挥主体作用。秩序应当是平等的权利主体签订的契约，应强化其公共性要素，培养学生的法治精神与负责的品质。

班主任指导制定班级规章制度应考虑以下因素：第一，教师应提前做思想动员工作。第二，学生应自愿参与制定班规。第三，学生提案，班级公开讨论。第四，不急于求成，班规的产生过程也是价值观内化的过程，还是从人治走向法治的过程。第五，涉及到评价部分时应慎重，班规执行中需要彼此监督和自我反思。第六，班主任的指导需要贯穿班规制定的全过程。班主任的正义与关怀的情感需要适当平衡，在坚持正义原则的同时对学生保持关怀。第七，班规应当情理原则与契约原则并重，以情为主，促进学生发展。[1]

案例：让班规制定成为自我教育过程[2]

接手新班，我决定要制定几条具有实效的班规。为了调动大家的积极性，我还特别强调：凡是建议被采纳的同学，将作为班长的候选人。

出乎我的预料，第二周班会课，所有学生都递交了自己想出的话。内容丰富，几乎涉及学生思想、道德、行为、学习和生活的各个方面。

晚上，我在灯下看着这些积极的、充满感情色彩的文字，力图从中筛选出几条别致的话语来作为班规，却觉得很难概括全面。

为什么学生们想出的话都不一致呢？

此后几周的班会课，内容都是由学生自己陈述想出来的话及以此作为班规的理由。我也作了具体要求：（1）陈述想出这些话的理由；（2）说出自己与这些话的故事；（3）时间不超过八分钟；（4）没有陈述的同学以尊重的态度倾听并帮助完善这些话。从迷恋网络到不懂得尊重他人，从做事不仔细到不完成作业，从参与打架到破坏公物……学生的自我批评与自我教育在浓浓的相互尊重与相互帮助中，取得了超出想象的效果。

我引导大家集体表决，选择了"认真对待每一件事，仔细做好每一道题，充分尊重每一个人，积极用好每一分钟"这几句精炼朴实的话作为我们的

---

[1] 王慧. 班主任的情感素养与班级公共生活［M］. 成都：四川教育出版社，2022：99—102.

[2] 叶菊芳. 让班规制定成为自我教育过程［J］. 四川教育，2008（4）：15.

班规。

师生共同参与建立秩序，还需要考虑良好的话语环境、良好的班级氛围。哈贝马斯提出理想的话语环境包括，"平等的参与权、话语权；平等的解释、主张、建议与论证权利；同等的表达好恶（愿望）的权利；作为平等的主体，发出命令、拒绝命令，从而达成参与者之间的'视界融合'。"[①] 从言论自由的角度来看，学生的观点只要不涉及人身攻击等底线，即便有些荒谬，也应当被允许表达。共同参与讨论的过程，应当是各自阐述理由的过程，互相理解、形成重叠共识的过程，不是自私狡辩、言语攻击的过程。

3. 目的：学生自主建立秩序且自我管理

学生自主建立班级秩序，也就是目前教育理念十分倡导的班级民主、学生自治。学生自治具有极大的教育优势，可以充分发挥学生主体性，提高学生自控能力，促进学生道德发展，有助于形成良好的班集体。学生自主建立秩序，要求全体学生开动脑筋、充分对话，参与班级规章制度建立。

案例：学生讨论制定规则[②]

有一位小学一年级新生班的班主任，第一堂课对学生说："请你们告诉我你们的名字，好吗？要大点声。"

孩子们一齐喊出自己的名字。

老师说："我听不清，你们能听清吗？"

孩子们说："听不清！"

老师问："那怎么办呀？"

有学生说："一个一个说。"

老师问："谁先说谁后说呀？"

又有学生回答："举手，老师叫。"

老师问："你们同意吗？"

---

① 关英菊. 对话与商谈如何可能？——以哈贝马斯商谈伦理透视多元社会之伦理建构方式 [J]. 深圳大学学报（人文社会科学版），2007（9）：42.

② 王晓春. 做一个专业的班主任 [M]. 上海：华东师范大学出版社，2008：165.

学生齐声回答:"同意!"

这样,老师就通过学生的体验把外加的纪律变成了学生自己的纪律需要。有人说这是自找麻烦,直截了当提出要求不就行了吗?如果我们观察一下孩子们做游戏时的情景,就会发现,他们差不多总能很好地遵守游戏规则,也就是游戏纪律。为什么?因为游戏规则是在游戏中形成的,是他们自主商量出来的。

学生自治其前途是光明的,道路是曲折的。学生学习自己做主的过程必然是反复与困难并存的过程。学会自律、克服困难等正是学生成长的关键要素,克服了困难,学生也就成长了。然而,学生自治也并不完美,中小学学生是未成年人,可能会误入歧途。陶行知指出学生自治可能会产生如下弊病:(1)把学生自治当作争权的器具。(2)把法治当人治。(3)学生自治与学校立在对峙地位。(4)闹意气,分帮分派。[①] 因此,为了学生能够顺利自主建立秩序,班主任应当全程提供指导,重点把握价值方向,及时指出学生不足,教会学生如何实现自治。

一般而言,新建班级可能更依靠班主任已经建立的秩序,小学中高年级的新建班级也可以直接尝试自治等。建立班级秩序还应考虑班级发展阶段、学生年龄阶段、班级事务具体情况等。

二、维持秩序的具体方法

班级维持秩序的方式有很多。按照治理形式,可以分为人治、德治、法治、自治等类型;按照维持秩序的人员分配方式,可以分为一对多、多对多和一对一的形式。维持秩序的具体方法包括召开会议、训诫、说理(讲道理)、奖励与惩罚、专门的纪律教育活动等。

本部分着眼于班级维持秩序的人员、制度、活动三个角度,人员主要指

---

① 陶行知. 学生自治问题之研究 [A] //中国教育改造 [C]. 北京:人民出版社,2008:19—20.

维护秩序的班级干部，制度主要包括监督机制、奖惩为主的评价机制，此处的教育活动是指教师专门进行的榜样教育、纪律教育活动。此处选择较为常用的五项方法进行论述。

1. 选拔与培养班干部

班级组织机构及人员安排的设计应考虑以下几个原则与内容。

第一，充分尊重学生主体性，鼓励学生自治。学生是班级的主体、成长的主体，学生应享有主动性、自主、自由、自决等方面的权利，同时作为负责任的道德主体，学生应为选择承担责任。如陶行知所言，学生自治所立的法比学校里所立的更加近情，更易行，更深入人心。自己所立之法的力量，大于他人所立之法，大家共同所立之法的力量，大于一人独断的法。[①] 教师应充分相信学生，给予学生自治的机会。

第二，班级干部选拔应考虑学生能力。班级事务顺利进行，需要依靠具有相应能力的学生，因此班级服务人员应当有一定能力或特长。班干部选拔有任命、选举、轮流三种方式，其中采用选举方式时尤其需要注意以下几点：（1）学生选举班级干部，班主任应保持开放的心态，选上谁是谁。（2）用多元智能理论看待学生，鼓励学生广泛参与，过程公开、透明、公正。（3）鼓励学生采用竞选演说的形式，提出自己的理念，培养学生的表达与沟通能力。（4）注意选举过程中的拉帮结派等不正当竞选形式，及时纠正。

第三，应着力广泛培养班级干部，促进学生能力发展。一方面，在具体岗位中提升学生能力。多数学生能力不是与生俱来的，需要在具体做事中得到锻炼与提升，因此，为了发展学生能力，班主任需要以人人平等为价值准则，为每位学生提供锻炼的机会，尤其考虑某些能力偏弱的学生的发展问题。例如，任命纪律不好、自制力不强的同学担任纪律委员。另一方面，班主任应当教导所有学生如何承担责任，做负责任的人。班主任应激发学生的荣誉感，教会学生与人沟通、承担责任、平衡学习与为班级做贡献的关系等。

---

① 陶行知. 学生自治问题之研究［A］//中国教育改造［C］. 北京：人民出版社，2008：19.

案例：双线管理培养班级小主人[①]

要让学生真正成为班级的主人，就必须把教师从繁重的班级事务中解放出来。而班干部的选拔和培养是实现班级自主管理的必备条件。那么，如何培养一批小干部，让他们带动大家融入到班级中，真正成为班级的小主人呢？学校采取了"树—帮—放—评—争"的策略。

"树"：每周总结会上评出本周"××之星"（周冠军），并放在"红领巾示范台"上，为全班同学树榜样。示范台下有"班级留言册"，全班同学共同监督被评出的同学，如果连续四周获奖就是月冠军，就有机会评为小班干部。

"帮"：被选拔的班干部在教师（每月进行一次小干部培训，每周进行一次班干部工作经验交流）、家长（如何当好小干部的好助理）、同学（每周班会课上进行"我心目中的小干部""我为小干部出谋划策"）的帮助下开展工作。

"放"：从四年级开始逐步放手。

"评"：每月各班评出优秀小干部并让其写出"小干部心得"，每学期全年级评出优秀小干部并进行全校的经验交流（校园网上进行）。

"争"：每月、每学期评选优秀干部。

此外，实行双线管理是学校培养班干部的又一策略，即常务班委会管理体制和值周班长制。通过适度管理，真正使每一位班干部树立了"我是班级小主人""我要对我的班级负责任"的意识，锻炼了班干部的多种能力，还培养了他们关心、热爱班集体的意识。

2. 利用监督机制维持秩序

评价机制是维持秩序的重要环节。其中班主任与学生均可以成为评价的主体，师生互相监督与提醒。按照监督主体划分，可包括班主任与其他教师监督、班级干部的监督以及班级普通同学的监督、自我监控与反思。

首先，明确职责，互相监督。无论是班主任设置的岗位或者学生自己发

[①] 朱春英，史小红. 小学班级自主管理模式的构建及实践研究——以太原市迎泽区桃园南路小学为例 [J]. 教育理论与实践，2015（8）：24—26.

明的岗位，都需要具有明确的职责。清晰明了的职责是彼此监督的标准与依据。

其次，监督重在提示与提醒，双方应态度平和、友好、理性。监督不是指责与批判。班主任应当在班级中进行教育，帮助学生学会如何监督、如何以温和的态度进行提醒。被监督的同学应如何回应其他同学的提示与帮助。

最后，监督与提醒一方面是帮助所有学生初步适应社会化，了解角色与职责，学会负责，逐步成长为负责任的道德主体，另一方面监督有助于班集体建设，有助于营造具有积极舆论导向的班级风气。

3. 合理运用奖惩等评价机制

奖励与惩罚都可以维持秩序。奖励促使人们遵守、主动维护规则，惩罚使人由于畏惧等外在强制力而遵守规则。

奖惩是容易被滥用的方法，如果奖惩运用不当就会适得其反。凯米指出：不当惩罚的最大问题是孩子自主意识特别是自我管理能力的丧失。由此可能的后果是"计算风险"（孩子们会花时间盘算他们是否会蒙混过关）、"盲从"（不能做出负责任的自我决定）、"逆反"（把对抗作为判断和行动的唯一标准，即不让我做我偏去做）。[①]

班主任进行奖惩的依据可以分为依据事情而定、依据行为动机、依据行为结果、依据班规等进行奖惩。这些奖惩依据是现实中较为常见的，然而有些做法是欠缺妥当的，奖惩的具体实施需要班主任因地制宜。

班主任进行奖励时，应当注意以下方面：（1）奖励应当公平，同质任务获得同等奖励。（2）奖励应明确，明确奖励的时间、频次、原因等。（3）奖励应可选择，班主任应尽量提供可以选择的奖励。例如，学生可以选择与教师散步、吃饭或谈心等。（4）班主任应重精神奖励、减少物质奖励，避免奖励取代遵守秩序本身。（5）尽量公开进行奖励，为其他人提供替代性学习经验与榜样。

4. 选树榜样法

选择和树立榜样，发挥示范作用以维持秩序。榜样教育十分重要，班主

---

① 傅维利. 论教育中的惩罚 [J]. 教育研究，2007（10）：11—18.

任需要树立各种类型的榜样,激发学生积极向上的情感,就班规部分而言,班主任可以选树遵纪守法、主动维护纪律的榜样。例如,远方的崇高榜样,如遵守时间的宋庆龄等;还有近在身边的榜样,如本地区优秀少先队员、认真完成作业的本班学生等。班主任引导学生通过学习、讨论、辩论、采访等方式向榜样学习,激发个体向榜样学习的情感动力。

5. 专门化的纪律教育活动

维持秩序可以通过专门的纪律教育,培养儿童对纪律的认同。菲尔茨等指出,纪律教育是指帮助儿童学习为自己的行为负责并能自己判断正误。[①] 从过程性的角度来看,第一阶段,班主任帮助学生认知规则、学习规则、遵守规则。第二阶段,班主任引导学生讨论规则的利弊、修订或制定规则。第三阶段,开放规则,在基本规则之上适度创新规则。班主任帮助学生了解规则背后的理由,确保集体制定的新规则是有人性的制度、体贴人的纪律、关心型制度,这样更容易获得学生的认可。

实践体验活动是最适合中小学生的专门纪律教育的形式。习近平总书记指出:"一种价值观要真正发挥作用,必须融入社会生活,让人们在实践中感知它、领悟它。"[②] 体验学习是指人在实践活动过程中,通过反复观察、实践、练习,对情感、行为、事物的内省体察,获得知识、技能,养成良好的行为习惯、情感、态度和价值观的过程。体验包括四个核心环节:情境体验、主动思考、深化理解、行动或应用。体验机制可以"转识成智",通过观察、反思、抽象概括等学习、实践体验等过程,将感受、情绪体验转化为智慧、素养。

专门化的纪律教育的开展形式可以丰富多彩,如采访活动、关于规则的项目式学习、班会、辩论会、规则制定会、无规则一日体验等。具体体验活动可以包括班级与校园外维持秩序,如校园门口的交通秩序、环境卫生秩序等;还可以开展班级内无纪律体验日活动,让学生在真实的活动中体验纪律

[①] [美]菲尔茨,等. 0—8岁儿童纪律教育:给教师和家长的心理学建议(第六版)[M]. 蔡菡,译. 北京:中国轻工业出版社,2015:6.

[②] 习近平. 把培育和弘扬社会主义核心价值观作为凝魂聚气强基固本的基础工程[N]. 人民日报,2014-02-26.

的重要性。

推荐阅读：

1. 魏书生. 班主任工作漫谈［M］. 桂林：漓江出版社，2014.

2. 王慧. 班主任的情感素养与班级公共生活［M］. 成都：四川教育出版社，2022.

思考题：

1. 前文中的案例"挑战班"班规，你是否认同？是否具有可行性？

2. 请从价值目标、具体操作两个维度考虑，结合你所在的班级，设计一个班规。

3. 请分析"人人都是班干部"与"班级没有班干部"，二者有何区别与联系。

第六讲　班主任如何用好主题班会？

> **本讲导读：**
> 主题班会对班主任来说具有特殊的意义和功用，它不仅是班主任对学生进行有效教育引领以实现班级德育的重要途径，也是彰显班主任教育智慧和个性化教育主张的有效载体，还是考察和评判班主任教育能力和教育素养的一个重要参照。主题班会是一门体现班主任教育艺术和活动设计能力的"专业课"，设计与实施主题班会的能力是班主任核心素养中的关键能力。本讲从主题班会的内涵出发，基于对主题班会的教育功能分析，详细介绍了主题班会应该如何设计、如何实施，并提出具体可行的建议以提升主题班会的实效性。

　　班会，是为了解决班级内部在教育教学过程中存在的问题而召开的班级会议。班会根据内容的侧重点不同，可分为常规班会和主题班会两类。常规班会泛指班级周会、班级晨会和班级例会等，其主要目的在于班级的日常管理和工作部署，有时还会对学生提出具体要求，如每周一早晨班主任用专门的时间总结上一周班级的整体情况。主题班会不同于常规班会，其主要功能不在于常规教育和一般的班级工作部署、安排和总结，而是侧重于围绕特定主题对学生进行品格和心理教育，实现有效的价值引领，也常常被称为"班会课"。

第一节 主题班会的内涵及其教育功能

从班主任工作内容来看，主题班会属于班级活动，是班级活动的一种特殊形式。从某种程度上来说，上好主题班会是班主任关键能力的体现——主题班会是班主任的"专业课"。

一、主题班会的内涵

主题班会是在班主任的主导下，全体学生共同参与，为解决班级或学生成长中存在的教育问题，围绕某个主题实施的班级活动。主题班会通常用一节课的时间来完成，因此，我们也可将其理解为班主任主导实施的一堂活动课，相当于语文教师或数学教师的学科专业课。我们在评价一名语文教师或数学教师的教学素养和教育能力时，多采用公开课观摩的形式。如果我们希望在较短时间内了解一名班主任的教育能力和教育艺术，评判其教育素养，观摩一节主题班会课就不失为一种有效的方式。主题班会能传达出很多隐蔽的信息：班主任是否具有科学的教育理念，组织与实施主题教育活动的能力如何，在主题教育方面是否具有丰厚的知识和素材积累，等等。当然，通过全程观摩一名班主任实施的主题班会，我们还能发现班主任的沟通素养、语言表达能力、对课堂的动态掌控能力，以及处理突发问题的教育机智等。

主题班会是展示班主任教育艺术和活动设计能力的"专业课"，设计与实施主题班会的能力是班主任核心素养中的关键能力，是班主任教育艺术和智慧的集中体现。因此，主题班会也成为我们考察和评判班主任教育能力和教育素养的一个重要参照。主题班会具有以下三个特点。

1. 主题鲜明

主题班会是一项主题教育活动，具有明确的活动目标、活动计划以及具体的组织实施方式，不同于一般意义上的常规管理班会。

2. 学生主体

班主任在班会主题的选择和实施过程中起主导作用，但活动的主体是参加班会的所有学生，学生是主题班会的"主角"，不能本末倒置，将主题班会变为教师的"一言堂"。

3. 问题导向和发展导向

主题班会的主题来源于学生的生活，以及班级中的现实教育问题。学生成长中所有共性的教育问题或话题都可提炼为主题，主题班会的目标是促进学生的全面发展、个性化发展和可持续发展。

拓展阅读：主题班会和少先队队会的区别

在小学，有的教师习惯将主题班会和队会合称为主题班队会，认为班会和队会是一样的，都是对学生进行主题教育。但是严格来说，主题班会和队会还是有区别的：队会指少年先锋队队会。队会具有一定严格的程序和仪式，包括出队旗、唱队歌、行队礼、辅导员讲话。主题班会则没有上述的程序和仪式，可直接切入主题，不必进行这些仪式性活动。具体来看，二者在以下几个方面存在差异。

1. 组织者不同：主题班会的组织者是班主任或学生，队会的组织者是大队辅导员。

2. 任务目标不同：主题班会是为了解决班级的问题和学生成长发展的问题，更具针对性；队会除了要解决学生成长发展的问题以外，还要强化少先队员对少先队的热爱和归属感，进行爱队教育。

3. 主题内容不同：班会主题中政治类主题所占比重较小，队会的政治类主题比重较大，属于学校德育构成中的显性德育课程。

4. 实施场所不同：主题班会一般在教室里进行，队会的场所选择则相对自由，可以借助参观纪念馆、革命圣地等活动在教室以外进行。

总之，不管是队会还是班会，都是对学生进行教育引领的重要活动。从课程管理的角度来看，应将二者的功能进行有机整合，在内容上相互补充，以提升德育实效性，实现全员育人。

二、主题班会的教育功能

无论是学科教学还是主题班会，都关注情感、态度和价值观方面的目标。但从目标来看，学科教学更关注知识学习和能力掌握，主题班会则是为解决班级中的教育问题而有计划、有组织开展的教育活动，是进行班级德育和心理教育的重要形式。

主题班会的功能可分为个体性功能和群体性功能。作为面向全体学生的班级活动，主题班会不仅能解决班级存在的具体问题，也实现了对每一个学生的价值引领和人格培养，还可促进学生的全面发展、个性化发展和可持续发展。作为面向班级全体学生的集体活动，主题班会具有较强的群体性教育功能。一堂成功的主题班会不仅可以增强班级的凝聚力，还可以引领班级的集体舆论，形成良好的班风，实现班集体对每一个班级成员的"平行影响"。将两种功能有机融入到主题班会的育人过程中，在实现群体性功能的同时，也能通过集体活动和班级文化深刻影响和改变班级里的每一个学生。因为任何一个班集体建设，最终都是为了每一个学生的全面发展和健康成长。

总体而言，我们可以将主题班会的教育功能总结为以下几个方面。

1. 认识提升功能

从德育"知、情、意、行"的教育目标来看，道德认知即关于是与非、善与恶的价值判断，是学生道德情感、道德意志、道德行为发展的基础。主题班会聚焦学生品德发展中的个体道德和社会道德问题，在促进学生树立正确的是非观、理解人与人之间的关系、形成正确的人生观和价值观等方面，具有不可替代的教育功用。主题班会不仅可以澄清学生在道德常识中的模糊认识，也可以培养学生明辨是非的能力和自主选择的能力。因此，提升认知能力也成为主题班会的基础性功能。

2. 行为规范功能

主题班会可以就班级学生中普遍性的行为习惯等问题进行针对性教育，它不以强制、灌输的方式来告诉学生"必须怎么做"，而是给予学生体验的空间和自主选择的机会，使学生体会"为什么要这样做"。主题班会通过对学生的循循善诱，潜移默化地影响着学生的行为，是一种有效的自我教育。另外，主题班会通常采用体验或讨论的活动形式，在这一过程中，学生通过切身的体验，常常能产生强烈的情感共鸣，从而激发自身的道德动机，实现道德移情，继而践行道德行为。

3. 价值导向功能

主题班会的价值引领功能是通过围绕主题的教育活动，使学生明辨是非，学会做出正确的价值判断，并通过针对性的问题辨析，给予学生正确的方向引领，帮助他们树立正确的人生观、价值观以及与未来生活相关的理想信念。主题班会的价值导向不是强制灌输，不是生硬说教，而是通过道德问题情境的创设和价值澄清方式，在外在价值教育引导的基础上，帮助学生实现价值观和理想信念的自主建构。

4. 情感感染功能

在主题班会中，学生会广泛参与并产生自己的切身体验和感悟。有效的主题班会能够触动学生的心灵，引发他们的情感共鸣，激发他们的道德情感，进而促发道德移情的产生。同时，由于主题班会是全体学生共同参与的活动，学生之间更容易相互传递和分享所形成的情感体验。积极的情感体验会在群体中形成感染效应，有助于完成主题教育意图营造良好情感氛围、培养良好情感品质的活动目标。

5. 心理激励功能

主题班会除了具有强大的导向功能外，还会对学生起到一定的激励和鞭策作用，引导学生理智地看待学习和生活中的各种困难，保持积极向上的心态。例如，以"我的青春我做主"为主题的主题班会，通过揭秘青春期个体的生理和心理发展变化，帮助青少年学生明晰青春期阶段所面临的人生发展课题，指引其积极地了解自我、探索自我，恰当地处理与异性之间的关系，等等。同时，这一主题班会还可激励学生珍惜这一段美好、短暂的时光，努力学习。

6. 精神凝聚功能

主题班会是面向全班，由全体学生共同参与的集体教育活动。因此，主题班会必然具有群体性的教育功能。活动过程中，学生具有共同的目标，彼此分享经验，容易达成关于某一问题的共识，形成集体凝聚力。同时，由于学生之间的个性、观念千差万别，活动过程中也必然伴随着彼此观念的冲突、价值判断的抵牾，甚至产生言语、行为方面的矛盾冲突。学生在主题班会中可以锻炼如何在表达个人诉求的同时，维护集体的荣誉，遵从一定的集体组织原则。

主题班会也是培养学生合作能力、增强团结协作意识的重要路径。一场卓有成效的主题班会，在增进学生相互交流、学习的同时，也会加深学生对集体的理解，强化他们对班集体的依恋和热爱，从而推动良好班风的形成，使班级成为一个优秀、文明、集体荣誉感极强的班集体。

第二节　主题班会的设计与实施

通常来讲，主题班会的设计和实施过程可划分为主题酝酿与确定、方案撰写以及组织实施等三个阶段。

一、主题酝酿与确定阶段

班主任要根据学生的心理特点、班会的目标和班级中存在的具体教育问题选择适宜的班会主题。主题班会的设计与实施应充分发挥每个学生的主观能动性和创造性，要使所有学生在班会开展过程中都有事可做。

在主题的酝酿和确定阶段，班主任需要优先考虑主题班会的功能和目标，即"主题班会究竟要干什么"。解决这一问题才能确保主题班会的针对性，避免无的放矢。主题的确定是基于对班级存在的教育问题以及对学生成长和发展中的问题进行分析后所做出的判断。对于主题的选择可从两个方向思考：一是已经发生或者正在发生的问题，二是可能出现的问题。也就是说，主题班会可以针对具体问题，也可以基于某一发展阶段的共性问题来进行选择与设计。主题酝酿与确定阶段又可以分为以下几个具体环节。

1. 主题的发现和寻找

寻找主题是主题班会设计与实施的第一步，也是班主任发现学生成长发展中的问题并尝试通过主题教育形式进行教育干预的开端。

能否发现班级中存在的教育问题，对学生某一成长阶段可能存在的品格和心理发展问题做出科学的推断和预判，需要班主任具备敏锐的观察力和对问题的洞察能力，更需要班主任具备较好的理论素养和独立研究的能力，全面地了解学生特定发展阶段生理与心理发展的特征与规律，做出有的放矢的干预对策。主题的发现和寻找可以借助以下方法。

（1）观察：对学生成长过程、班级教育活动、学生日常生活进行细心的观察，发现学生成长和发展中存在的问题，进而提炼总结，寻找相关主题，以主题教育的方式进行干预。

（2）调查：采取问卷调查和访谈的形式，了解学生品格与心理成长的问题及他们所具有的共性困惑，为班会的主题确定提供科学依据。

（3）研究：在对班主任素养、班主任知识结构及专业能力的研究中，在不同年龄阶段学生的心理特征中，发现学生在知识学习、能力形成、品格心理发展中存在的共性问题和特征。

2017年8月，教育部正式颁布了《中小学德育工作指南》，这一重要的德育工作指导文件规定了学校各个学段的德育目标、德育内容以及实施路径。除了对学校德育具有重要的指导性、规范性、评判性意义之外，该文件也为中小学主题班会的主题选择提供了最权威、最具指导意义的参照。特别是不同学段的德育目标和理想信念教育、社会主义核心价值观教育、中华传统道德教育、生态文明教育、心理健康教育等五个方面的主要德育内容，为班主任提炼"发展性主题"提供了科学依据，以确保班级德育和班主任立德树人的正确方向。

2. 主题的提炼和确定

确定主题的范围以后，需要进一步分析和提炼主题、确定主题内容，并且要结合学校和班级的活动实施条件，确定主题实施的具体形式。在主题提炼中，班主任可尝试借鉴以下汇总方式。

（1）问题类主题：主题来自班级管理中具有普遍性的问题，以主题班会的形式解决班级中的管理与教育问题。这些问题既可以是具体行为习惯问题、同伴交往问题，也可以是学生品格与心理发展中的问题。例如，有的初中班主任发现学生在面临中考时有较大的心理压力，便在考前组织了一次"以怎样的心态去应对中考"的主题班会。

（2）发展性主题：不针对班级当下的具体问题，而是基于学生成长和发展的需要以及学校德育、心理教育任务来设计与实施主题班会，对学生进行教育引导，解决其成长中可能出现的困惑，以更好地促进学生的全面发展、个性化发展和可持续发展。例如，社会主义核心价值观教育、理想信念教育、责任教育、生涯规划教育等都属于发展性主题。

（3）计划性主题：依据学生年龄特点、学习阶段的教育任务，以及班主任工作计划，提前计划好、设计好的主题。例如，节日性主题班会便是以重要的、有教育意义的节日或纪念日相关内容为主题所开展的班会。在现实生活中有很多节日适合作为主题班会的主题，如3月5日中国青年志愿者服务日，3月12日中国植树节，6月26日国际禁毒日（国际反毒品日），12月13日南京大屠杀纪念日等。在条件允许的情况下，将相关主题的班会在节日或纪念日这一天开展，通过该节日相关背景知识的介绍，深化学生对相关主题内容的理解和认识。同时，节日或纪念日的特殊氛围也会进一步突出班会的主题性。

（4）偶发主题：偶发主题的主题班会是由突然出现的具有教育意义和时效性的偶发事件所引发的主题班会。围绕相关偶发事件的思考，结合班级教育和学生生活中存在的现实问题，寻找切入点，设计主题。我们可以将这一类的班会称为偶发主题班会。引发偶发主题班会的常常是社会热点问题，或学生关注的、发生在身边的问题，具有较强的时效性，需要班主任敏锐地发现、提炼并予以实施主题教育。

这种主题班会不像普通主题班会那样具有很强的计划性，往往没有充分的时间准备和预设，就像所发生的事件本身也具有很大的偶然性和突发性一样。但是，由于突发的重大事件往往在社会上和学生中间引起了广泛关注，甚至引发了人们强烈的争议，所以教师要不断强化自身的教育敏感，培养观察能力，发现教育契机，及时实施恰当的主题教育。

3. 主题的物化和表达

主题是主题班会要讨论和解决的主要问题，将这一问题进行概括和抽象，便形成了主题的名称。它标定了班会的对象、活动内容和所要完成的任务。班主任需对所要实施的主题教育活动进行全面了解和充分思考，经过分析、综合，将之以书面语言表达出来。这一过程看似简单，其实并不轻而易举。正如刘勰在《文心雕龙》中所描述的那样："意翻空而易奇，言征实而难巧。"主题的表达不仅要做到形式上的适恰，更要涵盖全面、寓意深刻，同时又不失趣味和新颖性，贴近学生生活，符合青少年的话语方式。这一过程需要班主任深入细致的研究，在已有感性经验和缜密思考的基础上，不断进行优化和修正，以将主题班会活动所包含的错综复杂的要素关系体现出来。主题的表述应符合以下几个方面的要求。

（1）口语化：主题班会的主题源于学生的生活，所以在表述形式上也要平实、朴素，避免政治口号式的班会主题。"口号化""标签化"的主题不仅会使得主题班会从内容上远离生活，而且从形式上也会强化主题班会的灌输、说教色彩，削弱学生参与主题活动的兴趣。

（2）亲切感：一个有亲切感的主题名称容易拉近与学生的心理距离，而一个冰冷、生硬、明显属于成人话语体系的主题名称可能霎时便使学生对班会失去了兴趣。因此，主题需贴近学生的生活，主题表述中可多使用祈使句。例如，"让我们从好习惯开始""让我们平安度过假期"。又如，疫情后开学第一堂主题班会课——"说说我宅在家里的那些事儿"。

（3）时新性：对主题的表述可运用一些时新名词或者网络语言，以缩小与学生的心理距离，如与环保相关的主题可表述为——"今天你低碳了吗"。也可借助时下的热点文化现象来表述主题，如"我的青春我做主"就是取自当时热播的电视剧——《我的青春谁做主》。

（4）易理解：班会主题不以玄妙和深奥见长，恰恰是以通俗易懂、风趣幽默取胜。有的班主任在提炼主题时容易走向另一个极端，即主题表述过于抽象，令人费解。例如，"今天的奥特曼，明天的哆啦A梦"这样的主题看似新颖，但却容易令人误解。又如，高中主题班会名称"生涯规划，始于足下"不如"为四十岁做准备"更易于理解，更具亲和力。

班主任在撰写方案时，常在主题表述方面遇到问题：想表达多层含义，但拟好标题后又不满意，认为没有充分描述自己的想法。需要注意的是，标题的宏观含义与标题要强调的微观范畴有时是无法兼顾的，此时我们可采用"主副标题"的策略。主标题标明主题班会的宏观意蕴，副标题指明班会的具体范畴与拟达到的目标。例如，"祖国与我们共进步——晒晒爸爸妈妈的老照片"这一标题，主标题"祖国与我们共进步"标明主题范畴为新中国成立六十周年的政治主题，而"晒晒爸爸妈妈的老照片"则指明主题班会的具体目标和内容。

二、方案撰写阶段

主题班会方案制定是主题班会实施效果的重要保证，也是主题班会计划性的具体体现。主题班会的方案如同修建楼房的蓝图，有了具体的实施方案，才能对一些细节问题，如时间分配、主持人确定等做好提前的筹划和准备，使主题班会更有预见性和计划性。

主题班会方案的撰写对班主任来说还有着特殊的意义。设计与实施主题班会的能力被视为班主任技能的核心内容，是班主任教育智慧的集中体现。主题班会是班主任展示教育能力和教育智慧的"观摩课"，独立完成一个主题班会的方案设计是班主任开展教育研究活动的开始。

班主任将关于主题班会的、零散的设想和构思以书面文字进行描述，是将其丰富生动的"默会知识"转化为严谨准确的"明言知识"的过程。在这一知识形态转变过程中，班主任的研究能力也实现了质的飞跃。将关于主题班会的理念化为规范的实施方案后，班主任便可与他人进行经验的交流和分享，并借此获得更多启迪，在提升主题班会设计能力的同时，也不断提升其理论素养和教育艺术。

主题班会的方案一般包括以下几个部分。

1. 主题名称

主题名称是主题班会最重要的信息。设计者要通过主题名称来表明主题活动的目的、性质及内容。如何确定主题名称在前文已有论述。

2. 班会背景

这一部分是指主题班会实施的教育背景，即回答为何实施此次班会。班会背景包括对所要干预的问题的陈述、选择主题的理论依据以及对学生生理与心理发展特征的分析等，这一部分有些类似于"学情分析"。

3. 班会目标

班会目标是主题班会实施后所要达到的具体教育效果，可分为总体目标和具体目标。总体目标是主题班会要达到的总体教育效果；具体目标则是主题班会所应达到的更为清晰的、具体的，甚至可量化的关于教育对象的态度和行为改变情况。例如，常见的"感恩父母"主题班会，总体目标可表述为"通过主题班会使学生体会和感悟父母的养育之恩，滋养学生的感恩情怀和关爱品质"；具体目标可表述为"使学生形成回报父母的观念，树立回报父母从小事开始、从身边细节开始的意识，使学生理解优秀的学业成绩也是对父母回报的形式之一"。

4. 班会准备

为了主题班会顺利实施，班主任需要事先完成各种物质和组织方面的前期准备工作。如果主题班会不在教室举行，还要提前对活动场地进行勘察，布置活动所需要的用具、教学硬件、软件设备等。活动前的准备还包括活动协调事宜，如邀请家长和其他人员参加等。

5. 班会过程

本部分是主题班会方案的核心内容，是对具体筹划和组织实施过程的详细描述。其中包括活动导入的过程和方式，主题展开和深化的办法，班主任的总结发言等。这一部分要求尽量翔实、具体，应该包括每一环节的用时计划、主持人选择（包括主持人"串词"），以及总结发言的具体内容等。

班会设计完成后，班主任要仔细通览方案，进一步审视和自查，确认方案是否科学、合理，是否存在"硬伤"。建议班主任注意下面几个细节。

- 班会的内容是否过多？
- 主题的线索是否清晰明了？
- 选择的案例素材是否切题？
- 主题的导入是否过慢？

- 学生的活动参与面是否太窄？
- 教师在活动中是否太"抢戏"？
- 主持的形式是否灵活？

三、组织实施阶段

组织实施阶段是在主题确定以后，以班级为单位，由教师和学生共同参与、共同实施班会计划的过程。班主任要完成以下工作：合理安排时间，考虑角色的分工，准备媒体介质，协调各方人员。这一阶段，班主任首先要考虑到角色分工，确定由教师或是学生主持班会。其次，如果主题班会要使用多媒体手段，班主任还要注意准备好所需的媒体介质和硬件设施。有时主题班会的参加人员不限于本班师生，还有家长或者其他年级的学生代表，班主任需做好协调各方面人员的工作。

1. 主题的导入

主题导入是主题班会实施的第一阶段。主题的导入方式是影响学生参与兴趣与热情的重要因素。如果导入形式新颖、导入活动有趣味性，并能引发学生的情感共鸣和思考，就会为接下来的主题活动奠定良好基础。如果班会导入形式僵化、呆板，具有强烈的表演色彩和说教意味，就很容易使学生对主题班会产生抵触情绪或排斥心理。主题班会的导入形式要符合以下要求。

（1）简洁：主题班会开始后要尽快导入主题。在实践中，我们发现很多主题班会在导入部分花费了大量时间才迟迟进入主题，不仅使学生觉得班会拖沓、繁琐，也不利于凸显主题。

（2）朴实：有些班会为了增强感染力、调动学生的情绪，采用华丽、煽情的主持词来导入主题，虽然主持人声情并茂、文辞优美，但因为脱离了学生的真实生活，极易给学生留下"做戏"的第一印象。

（3）生动：主题班会在导入形式上另辟蹊径，可以极大增强班会的趣味性和吸引力，使学生耳目一新。特别是对一些严肃的话题和主题的导入，可以借助视频、图片等形式，大大提升活动的感染力。

（4）启发性：主题班会导入的内容如果具有较强的启示意义，能够在唤起学生情感共鸣的基础上引发他们的深入思考，就更能调动学生的积极性。特别是对于具有抽象思维能力、开始关注社会问题的中学生来说，导入活动的启发性尤为重要。

主题班会导入的常见方法有以下几种。

（1）故事导入：通过当下学生关注的社会问题或生活事件、有启示意义的典故等导入主题。

（2）视频短片导入：通过有趣的视频片段，或者能给予学生深刻启示、具有教育意义的短视频等导入主题。

（3）趣味活动导入：通过学生喜欢的游戏活动、趣味智力活动、趣味心理测验等活动导入主题。

班主任需对导入素材、资料精心挑选，进行充分的讨论和验证，确保导入素材契合主题内容，避免刻意的"间接导入"，避免主题与导入素材不符，产生"生拉硬扯"、画蛇添足的负面效果。素材的选择要符合以下要求。

（1）选择的典型性：所选择的资料或素材具有代表性，能充分阐释主题，并增强对这一主题的理解。

（2）选择的贴近性：所选择的资料或素材贴近主题，与学生的生活和兴趣相近。

（3）选择的启发性：所选择的资料或素材具有启示意义，能引发对某一问题的深入思考，予人有益的启示。

（4）制造冲突的问题情景：所选择的资料或素材能呈现截然不同的两种选择，并引发学生不同的思考和提供解决冲突的路径。

2. 主题的展开和深化

主题的展开和深化阶段是主题导入后，通过有效的活动，使学生深刻体会主题教育的内容，获得关于主题教育的体验和经验的过程。在这一环节，班主任要根据主题和学生的特点选择适宜的活动形式，创设体验的空间，丰富和深化学生的感受，提升他们的认识。

在主题展开和深化环节，班主任可尝试以下几种活动类型。

（1）体验型活动：此类活动是主题班会最常见的一种类型，即在主题班会中为学生提供相应的体验空间，使他们获得对主题内容较为深入的体验，从而加深学生对相关教育内容的理解。

（2）讨论型活动：学生在教师的引领下围绕某一问题进行深入的探讨或争论，从而获得关于问题的深入理解和清晰的认识。

（3）表演型活动：通过模拟一定的生活场景，扮演某一角色来获得关于问题的深刻体验。比如，心理剧和道德情景剧就是班主任在班级活动中经常使用的主题班会活动类型。

（4）叙事型活动：通过一个事件、故事的讲述调动学生的相关经历和体验，唤起学生的情感共鸣。

以上介绍的体验型、讨论型、表演型以及叙事型活动等类型，实质上都是一种理论上的划分，真正的主题班会类型往往是两种或几种类型的综合，即综合型。比如，班主任经常开展的"感恩父母""感恩老师"等以感恩为主题的班会，便会用到叙事、讨论、体验等多种活动类型。

主题班会活动的展开和深化是整个班会实施过程中的"重头戏"，是决定主题班会教育实效性的关键环节。尽管在这一环节上，班主任熟知各种活动类型，也稔熟各种常用的活动组织技巧，但要达成此阶段的教育实效，还须遵从体验性、交互性和深刻性三大原则以充分调动学生积极性，凸显其主体地位。班主任可设计学生深度参与活动的形式，使学生积极主动地投入到体验活动中，生成深刻触动和独到发现的教育收效。

主题班会设计中虽然包含每一阶段计划的时间表，但是也需要班主任根据班会进程和现场氛围进行动态调整。例如，班会方案设计中研讨交流的时间为五分钟，但当问题提出后学生兴趣十分浓厚，围绕话题的争论也异常激烈，五分钟后还未得出实质性的讨论结果。此时如果按照既定的时间表，强行结束任务，显然是不科学的。有经验的班主任会拉长讨论时间，这样对于问题的讨论会更加深入，学生的体会也会更加深刻，而未完成的内容可以迁移到下次班会完成。

在主题班会组织实施阶段，还有一个迫切的问题需解决——主持人的确定。由学生主持，还是由教师主持？很多班主任对此也十分困惑，他们认为班主任主持班会能充分发挥主导作用，但又会觉得可能有"包办""灌输"的嫌疑，影响学生主体性的发挥。所以，很多班主任都采取了简单的"无风险"

的处理方式，将班会交予学生主持。

受以往习惯影响，我们常常认为主题班会形式有固定的模式。例如，只要是主题班会，就一定是学生来主持，而且是一男一女两位主持人。实际上，主题班会的主持人可以灵活选择，既可由学生主持，也可由教师主持，还可由教师与学生共同主持。主题班会的形式要根据主题特点和学生年龄特点，以及活动的难度和复杂程度来确定主持人员的选择。

3. 主题总结和提升阶段

班会实施的最后一个阶段是"总结提升"。总结提升阶段是在班会结尾时由教师和学生共同总结对主题班会的体悟，对主题进行深化和提升。总结提升是一个主题班会必不可少的环节，没有这一"点睛"之笔，主题便很难突出。适宜、恰到好处的总结与提升有助于学生获得关于班会主题的清晰感觉和印象。

主题班会的总结与提升环节是决定主题班会实践效果的重要环节，没有经过总结与提升的班会，主题教育的实效性也会因此被削弱。同时，班主任在班会总结发言中的表现也是检验教师是否在主题班会中充分发挥主导作用的重要参考指标。班主任的总结与提升发言具有以下几个明显作用。

（1）凸显主题：在班会上，活动除了能够增强主题班会的吸引力，调动学生的参与兴趣以外，也会带来"负效应"，即活动"淹没"主题。活动结束前班主任对活动进行全面概括总结，重申主题内涵，结合班会中的活动，进一步阐释主题的内涵，将学生注意力从活动转移到主题上，更好凸显主题教育的意义。

（2）深化体验：在主题班会总结发言中，班主任可能会表露真实的情感，这时学生会对教师的情绪状态产生强烈的共鸣。如果班主任以发号施令的训导者身份出现，而非全身心地融入活动，仅在班会结束时宣讲几句"大道理"，说一些言不由衷的"鸡汤文"，不仅不能打动学生，还会产生负面效果。例如，感恩主题班会上，教师面对感人的故事和情境表现得无动于衷，那么学生很可能会认为，教师只是在教育别人、要求别人。同时，情感往往具有感染性，教师的真情流露会进一步感染学生，使主题班会具有更好的情感氛围。

（3）定向引领：教师总结发言中的分析视角和个性化解读会加深学生对讨论的中心问题的理解，使学生对主题教育内容的理解朝向教师所期望的方向发展，窥见不同的价值判断和独到的问题解决视角，以对学生进行正确的价值引领和方向引导。

以中学班会中常见的感恩主题为例，当学生对父母的养育之恩有了深切的体会，有了回报父母的行动意向时，教师可以通过《增广贤集》中"堂上二老是活佛，何用灵山朝世尊"的古训启发学生，使其今后注意从身边的小事开始，在生活细节中关爱父母。教师还可做进一步的启发引领，借助"孝道无穷，及时为贵"和"树欲静而风不止，子欲养而亲不待"的尽孝之道，使学生理解"尽孝就在当下，不要在父母离开我们后抱憾终生"。

班主任在总结发言时，可以试试以下三个小技巧。

（1）尝试使用设问句：自问自答，问的是学生要思考的问题，回答即是对问题的解读。

（2）将道理改编为故事：如果总结发言所要表达的内容过于抽象、晦涩，不易理解，可尝试将道理改编为学生听得懂、有趣味的故事。

（3）请学生自行回应问题：通过分析问题，在充分启发学生的基础上，使学生自行回应，得出答案。

第三节　主题班会实效性的评判与提升

主题班会的实效性往往是评判其在多大程度上实现了之前设定的目标，这当然与主题班会的功能定位密不可分。

一、主题班会实效性的评判

鉴于主题班会的功能定位，当我们评价一节班会的效果时，大体会从班会的个体性功能和群体性功能是否都得到了应有发挥，即是否促进了学生的发展、是否有助于班级问题的解决来进行评判。

1. 学生的态度形成、情感体验和行为转变

作为面向全体学生的班级活动，主题班会的重要作用之一在于逐步改变学生个体的认知态度，影响其价值观念，使其形成特定的情感品质和意志品质，并最终改变他们的行为方式。也就是说，主题班会的效果需要在学生的"知、情、意、行"各个方面有所体现。当然，这并不意味着每次班会都要刻意设计这四个方面的目标，而是要结合具体内容而定。

主题班会赋予学生行为的改变不是依赖于机械训练实现的，也不是通过讲道理来实现，而是在学生的体验中、在活动的参与中、在生成性的过程中实现。无论是学科教学还是德育活动都特别注重生成性、过程性的学习效果，德育活动更是将培养学生的自主建构能力作为终极目标。在德育实践中，有一个前提是无法超越的——那便是在这些教育"质变"发生以前，学生必须有足够的"量变"的积累。学生必须有充分的时间去感受和体验，并且在体验过程中形成真实且深刻的触动。正如华中师范大学杜时忠教授说的那样，"道德认知不同于'可编码'的科学知识，道德知识更需要受教育者切身体验和感悟，道德认识和道德能力能否转化为道德行为，道德情感起着重要作用。"

案例：凯根的戒烟实验

美国心理学家凯根曾做过这样一个心理学实验。他的实验对象都是有常年吸烟史的人，凯根想借助心理学的方法帮他们改掉吸烟的习惯。这些人中，有不少人曾尝试戒烟，但是多数人以失败告终。凯根初期用"晓之以理"的方式说服吸烟者，通过真实的病例以及吸烟导致肺癌发病的数据，让吸烟者看到吸烟对身体的伤害，但是，这样的宣讲和说服效果不佳，只有不到7%的人选择了戒烟。后来，凯根改变了策略，采取"迂回战术"，与吸烟者进行深度访谈。通过访谈，凯根了解到这些吸烟者有的家里父母年迈多病，需要有人照顾，有的人孩子还很小，没有成年。凯根由此出发，让吸烟者考量保持健康身体与担当赡养父母、养育子女责任之间的关系，通过唤起他们对亲人和家庭的亲情和责任感，进而促使他们戒掉香烟，关心自己的身体健康。通过"亲情牌"方法，超过70%的吸烟者放弃了多年的吸烟习惯。

在上述案例中，吸烟者行为的根本改变，源于他们态度上的变化，而态度变化过程中，情感起到了"加速"和"催化"的作用。因此，个体行为的改变离不开情感的动力作用。

体验和触动并不是主题班会的最终目标，作为一种德育活动，主题班会的终极目标应该是学生在深刻体验和强烈内心触动的基础上，生成独立的思考和价值判断。而理想的道德教育就是将教师的劝告转化为学生自己的体会和感悟。

时下有这样一句流行的网络语录，"世界上有两件事最难：一件是把别人的钱装进自己的钱包，另一件是把自己的思想放进别人的头脑里。"网上语录尽管不乏戏谑、调侃之意，但其背后的隐喻不能不引发我们关于价值教育策略的思考。价值教育和信仰教育的实施是艰难的，德育专家檀传宝教授曾在其德育论著中多次提到"德育之重""德育之难"。"德育之难"在于价值教育的多端性、复杂性和长期性等特质带给学校价值教育的挑战。价值教育与信仰教育实效不佳，一方面缘于价值教育环境的桎梏，更主要的原因无疑是价值教育理念层面的误区和价值教育实践策略的错位。因此，必须对价值教育的原则和态度转变的心理规律进行针对性的教育设计。

2. 班级问题得以解决、班级建设得到提升

如前文所述，班会归根结底是为了解决班级内部在教育教学过程中产生的问题而召开的，主题班会当然也不例外。所以，是否有助于班级问题的解决，是否促进了班级建设，也是评判主题班会实效性的重要方面。

在主题班会设计中，一定无法回避具体的班情分析，班情是确定主题与目标的重要参考，也是主题班会的独特性的体现。在主题班会前后，我们看到的、预设的、实现的是班级所有学生的态度、情感和行为，而非其中的一两人。

当然，这种班级问题不仅仅包括已经发生在多数人身上的问题，也可能是目前仅仅发生在个别人身上，但有很大概率会发生在班级其他学生身上的问题。此时，借机面向全班开展主题教育，在问题范围扩大之前防患于未然的主题班会，也是常用的一种主题班会选题思路。

二、主题班会实效性的提升

1. 使主题班会成为班级建设的重要方式

如果我们将主题班会作为一节需要专门准备的教育课，那么召开主题班会便极易被视为一种负担。在主题班会的整体设计思路上，我们可以尝试突破主题班会单独设计和专门组织的老办法，将其与班主任常规工作进行有机整合，即在合适的时机将主题班会与学科教学活动、社会实践活动、班级文化建设、家长会等进行有机整合。这样的整合思路不仅可以提升活动效率，在同一时间内完成主题教育与常规管理、学科教学、班级文化建设、家校沟通等双重或多重任务，还可以淡化主题教育的说教色彩，彰显隐性德育的理念，提升全员育人、全程育人和全方位育人的教育实效性。

把主题班会与班级其他常规管理工作和各类活动进行有机整合，不仅可以让班主任一举多得，还可以有效提升主题班会的实效性。班主任常被各种常规管理和突发问题牵制，通常情况下某些问题、事件突发后，班主任可能会召开班会以针对性地解决问题或进行干预；对于常规管理内容，班主任也可能在常规班会上进行布置、解读。其实，班主任可以尝试在常规管理中借助主题班会的形式，提升教育效果。在突发事件后，也可以借助主题班会采取相对灵活的方式召开偶发主题的班会。例如，学校发生了严重的安全事件，便可围绕这一问题召开班会——"做自己的护花使者"，帮助学生了解生活中的潜在安全威胁，提高自我保护意识，远离各种危险和伤害。这样的活动安排方式，抓住学生身边的安全事例进行及时的强化和引领，不仅可以提升学生的安全意识，更可以借助身边的真实事例增强其体验和感悟。

当班级凝聚力不强，学生只关心自己的事情时，班主任可设计一次团结合作的主题班会，也可借运动会、拔河比赛等契机，紧随其后实施主题班会，以达成增进班级凝聚力等班级建设目标。当班级中经常发生插队现象时，班主任可针对这一问题精心设计一堂主题班会课，其教育效果便会远远超过单纯讲规则、讲公德时学生所受到的教育启发。

案例：班会"排队时有人加塞，怎么办？"

1. 班会目标：让学生在公共环境中体会什么是真正的文明素养，并在讨论分享中理解与人交往中如何尊重他人权益、服膺公平与公正的原则。

2. 对象：四年级学生。

3. 形式：以"情景剧"的形式进行情境再现，以小组讨论的形式寻求解决问题的方法。

4. 班会过程：

（1）呈现问题情境：小明在车站排队买麦当劳。快轮到他时，一个人匆匆跑来，他央求小明，自己的车快开了，排队已经来不及了，想在小明前面"加塞"。小明同意了。但是，排在小明后面的人都坚决反对，认为这对他们不公平。小明左右为难，大家帮帮小明，替他想个办法。

（2）小组讨论（任务驱动）：通过小组讨论，解决以下三个问题。

①小明让着急的人在自己前面"加塞"是助人为乐吗？为什么？

②排在小明后面的人抗议反对，有没有道理？为什么？

③小明还能不能找到更好的办法？

（3）结果呈现（情景剧演示）：最先找到解决问题方案的小组到教室前面，以情景剧的形式展示具体做法，并作出解释和说明。

（4）班主任总结发言：肯定学生的做法，阐明主题教育的核心内容——真正的文明人尊重规则和他人权益，文明、公平、公正这类核心价值观议题无处不在。

案例解读：本案例最初是作为单独设计和实施的微班会，通过真实问题情景，引发学生的探究兴趣和解决问题的意愿，并在小组讨论中，促使学生做出具有创意的选择——既帮助别人，又不侵犯他人权益，维护公共生活秩序，服膺公平、公正的交往原则。活动中有两个小组很快找出解决问题的办法——把自己的位置让给别人，自己到队尾重新排队。在总结发言中，班主任对同学们助人为乐，同时又尊重规则和他人权益，秉持文明、公平、公正原则的道德境界给予了充分肯定和褒奖。

2. 以活动为载体设计主题班会

情感体验的获得和最终的行为改变，离不开活动这一重要载体。在活动中，学生往往在不经意间便掌握了平时在课堂上难以掌握的知识和技能。更重要的是通过活动，学生会形成自己关于某一问题的强烈感受和体验，并在活动中逐渐形成自己的态度。在主题班会的设计中，我们可以更多地运用活动育人的理念，使活动成为主题班会的主要载体。

秉持"让教育在体验中发生"的理念，尝试将教师告诉学生的话语转变为学生自己的深刻感悟。班级管理实践中，"说教式"和"灌输式"的德育之所以被学生排斥，无法达成预期的效果，是因为教育者忽略了德育是一个受教育者必须有真实自我体验并主动接纳的这一事实。"道德是感染而成，绝不是教来的。"没有情感触动，没有真实体验的、强制的、灌输式的教育不会在学生内心留下深刻印象，就如同有些教育格言生动描述的那样，"我听到会忘掉，我看到过的能记住，但我做过的才真正明白。"即，体验的教育在教育实效性方面远胜于强行的规制、训诫，以及喋喋不休的说教。根据克伯屈"三种学习"理论，学校的教育不能完全倚重教师通过口头或书面言语的方式向学生传授知识和宣讲道理，学生书本知识学习以外的各种活动不仅是"副学习"的重要载体，也是学生情感体验、心灵触动的重要来源。中学生的研修旅行、综合社会实践活动，以及小学生的博物馆课程，在提高学生学习兴趣、学习热情和学习积极性的同时，也会使学生生成知识和技能以外的"附加学习"。

秉持"让教育在自主建构中发生"的理念，努力将教师灌输的观念转化为学生自己悟出的道理。随着学生年龄的增长，他们逐渐有了自主选择的能力和独立做出价值判断的能力，这为他们自主建构生活观念提供了可能。一次班级活动留给学生的不仅仅是情感的触动，活动后的体悟和反思也必然会使具备一定思考能力的学生形成自己的领悟和理解。学生通过集体活动领悟到的合作分享的道理，通过艰苦劳作萌生的珍惜劳动果实的感念，以及经历了苦难和挫折后逐渐建立的勇气和信心，一定不是单纯的书本知识学习或言语说教所产生的效果能相提并论的。

中国古代最早的教育学著作《学记》在论及有效教育引导方式时，曾提出"道而弗牵,强而弗抑,开而弗达"的原则,其中"开而弗达"就明确提示教育者:善于讲道理的教师不是喋喋不休的训诫,也不是将道理讲得明白无误,而是善于为学生提供情境,使其自己寻求答案,做出判断。这不仅是充分彰显学生的主体性,也是在努力促成学生道德观念的自主建构。

在现实教育中,学生态度的转变是一个艰难的过程,可能无法一蹴而就,更不能寄希望于一两次主题班会便达到预期的目标。所以,班主任在主题活动设计与实施过程中必须从情感体验入手,逐步改变学生的态度。具体应关注以下两个方面。

其一,须坚持"小步子"原则,聚焦每一次主题班会要解决的具体问题,逐步提出要求,同时适当控制一次教育活动的容量,不在活动内容和主题上贪大求全。

其二,对主题班会进行整体的、系列的设计。班主任应考虑到教育活动的延续性问题,善于将一个教育主题分次完成,体现"螺旋式"课程的设计理念。例如,价值教育中比较有代表性的"感恩"主题的教育,可能需要两到三次的主题教育才能完成,第一次聚焦于使学生体会到父母的养育之恩,第二次教导学生如何回报父母,第三次指导学生如何感恩社会和回报社会。

3. 教师的主导作用和学生主体作用的整合

在主题班会开展过程中,教师永远都不要忘记自己是主题班会的主导者。虽然我们要调动学生的兴趣,将班会的主动权交给学生,但是教师绝不能放任不管。

班主任在主题班会设计与实施中的主导作用主要体现在以下几个环节上:其一,在主题的选择与确定过程中充分发挥主导作用。教师可以在主题酝酿阶段充分调动学生的兴趣,发挥学生的主体作用,甚至可与学生共同确定主题内容,但教师必须清楚主题的针对性,把握主题的方向。其二,通过对班会实施过程的动态掌控来实现主导作用,善于在班会实施过程中寻求最佳的教育契机。班会设计中通常包含具体的内容计划和大致的时间表,有经验的班主任常常会根据班会实施过程中的具体情况大胆打破原定计划,主动改变班会的时间进程,抓住教育契机,因势利导,放大教育影响,以达到最佳的教育效果。其三,教师的主导作用还体现在重要环节的适时介入上。在学生作为主持人的班会现场，我们经常见到这样的情形：教师在班会开始后就完全躲进了"幕后"，在总结环节之前，教师完全游离于班会以外，这种做法是不可取的。班主任要有意识地在重要环节上回归班会现场，尤其是小学低年级段的主题班会，学生对主题班会的掌控能力是有限的，教师应适时介入班会。

在主题班会实施过程中，常常发生因活动过多而将主题"淹没"的现象，因此在主题班会临近尾声时，班主任应对班会进行必要的总结与提升。主题班会的总结与提升并非一般意义上的班主任讲话，而是在原有基础之上对主题的进一步提炼和升华。主题班会的总结与提升环节直接决定着主题班会的效果，也是对班主任教育素养和实践智慧的最集中的考验。

班主任是主题班会的总设计师。班主任的教育素养不仅决定其主导作用的发挥程度、引领作用的发挥效果，同时也决定着班主任对学生的引领方向。教师自身的境界和信仰也决定了其对学生所施加的价值引领和精神滋养的水平、方向乃至性质。价值教育实践也使我们更加认同韩愈在《师说》中的谆谆告诫："择师不可不慎也！"我们不能寄希望于一个自身价值信仰严重扭曲、笃信物欲第一、金钱至上的教师能为学生的人生指点迷津。

案例：教师发挥主导作用，就是要比学生站得更高

有一次，在微班会上，学生们热烈讨论"老人倒了，扶还是不扶"这一问题。学生们都想出了既保护自己，又能帮助老人的做法。比如，帮忙叫救护车，打电话报警，也有的学生说，"扶起他的时候，有别人在场证明，或者自己拍视频留下证据。"最后需要教师做总结发言。我受情景激发，有感而发，告诉学生，有一种情况可能是：老人因心脏病发作倒地。心脏病突发需要急救，救援黄金时间就是倒下后的四分多钟，假设我们都选择两全其美的方式，既保护自己，又助人为乐，在这黄金四分多钟里没人施以援手，老人很可能在我们"安全"的观望中死去。我告诉学生们，这时候需要的是道德勇气！有道德勇气的人甘愿冒一点风险去做有道德、有良知的事情，这个社会需要道德勇气，需要每个人表现出应有的道德勇气。

这个总结发言，让学生们开始思考一个他们以前没有考虑过的问题，从教师这里他们看到一个人道德勇气的可贵，懂得了有道德感的人之所以值得我们学习和崇敬，就是因为他们有常人没有的道德勇气，我们每一个人也可以涵养自己的道德勇气。

4. 主题班会与其他教育活动纵向衔接

是孤立地设计一次与前后教育教学活动没有任何关联的主题班会课，还是使其整合于教育教学活动"链条"中，成为整个教育教学计划的一部分？相信绝大多数班主任一定会选择后者。如果学生在前序的实践活动中有了深刻的感悟和触动，有了自己独到的发现和观点，那么紧随其后的主题班会一定会更有针对性，更能调动学生参与活动的兴趣和热情。明晰前序的实践活动与班级的主题班会课之间的联系和顺序，以使实践活动后的主题班会达到最好的教育效果，从主题班会的整体设计思路来看，这也是遵循整合设计的原则。

案例：疫情后第一次主题班会的设计

2020年初突发的疫情对学生和学校来说，都是生活中的一个"大事件"。席卷中国、蔓延全世界的新冠疫情彻底改变了学生的生活，改变了他们的学习方式，也让他们在突如其来的灾难面前产生了前所未有的心灵震动。虽然不能走出家门，但是在与父母交往和网络学习中，他们也以自己的方式关注着身边发生的一切。疫情下的生活是学生们特殊的实践体验，他们的发现、感悟和触动是学校教育活动的重要基础和前提。基于学生思想状况进行有的放矢的教育，是"教育影响要保持一致性和连贯性"教育原则的体现。因此，运用整合思路，将学生疫情期间的生活体验与主题班会的内容相结合，上好疫情结束后开学第一堂主题班会课，就显得尤其重要。

1. 开学前班主任要为上好第一堂主题班会课进行深入的调研和准备。在主题班会设计前，班主任需要准确了解和掌握学生在疫情期间的整体状况。他们在疫情期间有何新发现？有了什么触动？产生了什么疑惑？萌生了什么样的行动意向？学生的这些收获构成了重要的德育情境，也成为主题班会设计的重要参考和依据。这既是通识性的学情背景分析的需要，也是服膺有的放矢、因材施教原则的体现。

2. 确定主题班会的"主题"时要聚焦问题，使主题贴近生活、小处着眼。主题班会所聚焦的问题直接影响学生参与活动的积极性。班会主题只有贴近学生疫情期间有深切感悟的生活经历，才能调动学生的参与兴趣，使学生对活动主题有话想说、有感而发，从根本上避免灌输和说教。当学生们回到久违的学校，见到想念的同学，他们会更想说出自己的真心话，表达自己真实的情感，而非一踏入教室就接受训诫、听"大道理"。因此，开展"众志成城，齐心抗疫"的网上主题班会，可能不如从一个真实的主题视角切入——"说说我宅在家里的那些事儿"的主题班会更能让学生有感而发。

3. 以主题班会前的实践活动为先导，并在主题内容、结构上因势利导。让"第一课"与学生疫情期间的一次活动相互关联是整合设计的基本思路。在主题班会前，教师不妨安排一次有深度的、探究性的学习任务或家校协同活动，之后在主题班会上围绕此次实践活动，让学生分享自己的发现和感悟。

4. 在活动形式上注重学生的主动性发挥和自主建构。主题班会要避免学生空泛的发言和展示，要在学生已有的收获和感悟的基础上，在学生产生疑问和困惑的背景下，在学生提出质疑和异议的情形下，给予他们建设性的、针对性的引领，并依靠他们的主动发现，最终自己找到解决问题的理想答案。

教育教学活动从来不是孤立的、片段式的，而是同为整个教育链条中的组成部分，与教育体系中的其他教育事件构成了一个相互关联的有机整体。简言之，每个教学活动都存在相应的前序的教育情境，每个已经完成的教学活动都可能产生延续性的影响。无论是《学记》中强调的"不凌节而施"，还是《论语》中的"不愤不启，不悱不发"，都是在强调教育要素之间的关联性，都在印证着教育活动发生要以一定教育情境为前提的朴素的教育规律。

5. 将主题班会与家校协同活动横向整合

作为联系家庭与学校的"桥梁"和"纽带"，班主任在家校沟通和协同育人中起着主导性作用。所有学校均面临着家校协同的相同困局——家长没有足够的时间和精力投入到家校协同育人的教育活动中。一些家长可能因家校活动内容枯燥，形式单一、呆板，而降低了参与家校协同活动的积极性。家长介入主题班会，一方面可以提升家长的家庭教育水平和亲子沟通艺术，另一方面以主题班会为"环境媒介"可增进班主任与家长的关系及家长对学校的了解，形成和谐的家校关系，为提升家校协同育人的实效性奠定基础。

让家长参与主题班会是很多班主任惯常的做法。但是，如果主题班会在家长参与活动的形式上缺乏精心设计，无法充分调动家长的积极性和参与热情，便极易使家长参与成为走过场，进而流于形式。通过观察发现，在很多班会现场家长的参与程度并不高，很多家长往往是"列席观看"的观众，或者作为代表发言谈论参加班会的感受。从表面上看，家长的参加丰富了班会的人员构成，使主题班会成为复合型的班会。但是，家长的作用并没有得到充分发挥。要使家长充分发挥作用并受到触动和教育，就必须创新班会的设计理念，突破已有的、僵化的实施方式，进行大胆的创新。例如，可使家长深度介入班会，将主题班会与家长会进行有机整合。

总之，创新家校沟通形式，提升协同育人的实效性，调动家长参与学生教育的积极性，增强家长参与班级管理事务的热情，使其主动担当协同育人的职责，避免出现"5+2=0"的协同育人悖论，班主任就必须在班级活动的"变式"上多做文章，在班级文化建设和主题班会实施过程中给予家长深度参与的空间和机会。

三、微班会的模式创新

主题班会有着丰富的教育功能，无论是对班级学生还是对班主任而言都很重要，但在学校中主题班会的时间经常难以保障。特别是在高中，因学生学业压力大，开展主题班会的时间往往很难保证。加之受制于一节课的固定时长，主题班会有时就会变得刻意、死板，为了凑时间而导致效果打折。因此，很多教师尝试在时间安排上突破45分钟的班会固定时间，设计简短、灵活的微活动、微班会。比如，在15—20分钟内完成一个简单的教育目标，解决一个具体问题。通常，我们将20分钟之内完成的班会称为微班会。微班会具有下述特点。

(1) 时间短，易于实施，可解决普通主题班会耗时长、准备工作复杂的现实问题。

（2）指向性强，可聚焦班级中的某些现象、问题，进行针对性的干预和问题解决。

（3）形式灵活，可以在一个单位时间独立实施，甚至进一步提炼为偶发主题的班会，也可以和学科课程进行有机整合。

除了一些计划性的主题外，班主任还要关注可作为主题资源的偶发因素和突发事件，或者引起学生广泛关注和探究兴趣的社会新闻，以此为契机开展主题教育。无需太复杂，可能只需相对简单的讨论或体验，就极具吸引力和教育实效性。

微班会还可以采用"嵌入式"设计，将微班会与班级的教学活动进行有机组合。微班会作为一个相对独立的课程单元，与教学活动内容既有关联，又具有相对的独立性，一方面可以解决微班会所关注的具体问题，另一方面还可与教学内容有机融合，达成更综合、更深层的教育目标。

如前文提及的班会"排队时有人加塞，怎么办"，类似主题的班会便可采用相对较短的微班会形式嵌入到思政课，如八年级下册第四单元"维护公平正义"的相关章节中，以达成更好的教育效果。

除此之外，在微班会的设计中，还可以考虑"结构化统整"，即在设计时事先预设好上位的教育目标，使微班会在一个明确的教育目标下组成"微班会群"。这样，不仅每个微班会有各自清晰的目标，而且组成的"微班会群"可以充分发挥课程群的作用，以多个视角和多种形式使教育内容更加丰富、充实并相互补充，实现最佳的全程育人、全方位育人的效果。

微班会是一种具有创新特质，且在班级管理实践中不断得到丰富完善的特殊的主题教育活动，在视频资源极大丰富、人工智能和信息技术飞速发展的今天，微班会在形式上和新技术使用上也获得了巨大的创新空间和技术支持。

班主任在设计与实施微班会时需注意，微班会是主题班会的有效补充，但不能成为唯一的形式。微型主题班会时间短、目标单一，以微型主题班会取代正常的主题班会，会影响班会具体目标的达成和实施方式的选择。将所有班会改换为微班会是不现实、也不科学的。若使微班会在短时间内达到良好的教育效果，班主任需要在设计和准备方面更为细致，精心设计班会的实施方式以及问题导入的具体做法等，提高主题班会的吸引力和感染力。

总的来讲，主题班会是班主任主导下的班级教育活动，是班主任展示教育理念和教育艺术的"专业课"。主题班会不同于班级的常规班会，是为了完成主题教育而实施的、特殊的教育活动，要充分凸显教育功能。主题班会也不是班主任的"说教课"，而是有其特殊的活动要求，需突出活动参与的广泛性和深入性。因此，班主任要加大对主题班会的研究力度，凸显活动计划性特征，创新活动形式，充分发挥学生的主体性，不能将主题班会演绎成活动外衣下的知识"灌输"。同时，主题班会要摒弃追求"大场面"和"轰动效应"的设计思路，要使主题班会成为简便易行、不必兴师动众便可轻松实施的常态化教育形式。其实，主题班会是一项简单的教育活动，既不能采取简单化、随意性的处理方式，也勿将主题班会过度解读。班主任要有这样的底气和自信：抛弃一切繁文缛节和僵化窠臼，只要主题班会的目标明确，有鲜明主题、有教育效果，形式新颖，学生愿意参与，就一定是优秀的主题班会。

推荐阅读：

1. 迟希新. 有效主题班会十讲：设计理念与实施策略［M］. 上海：华东师范大学出版社，2022.

2. 迟希新. 德育"大目标"和"小目标"的冲突与整合［J］. 中国德育，2018（5）：7—8.

思考题：

1. 主题班会有哪些功能？
2. 如何提升主题班会的实效性？

第七讲　班主任如何开展心理健康教育？

> **本讲导读：**
> 关注学生心理健康是教育内在人性关怀的体现。班主任作为学校心理健康教育的具体实践者，关注学生的心理健康、开展心理健康教育是班主任育人工作中的一项重要任务。班主任要如何推进心理健康教育？本讲从中小学班主任开展心理健康教育的特殊性、基础以及实施策略出发，全面、系统、深入地介绍如何开展心理健康教育，进一步厘清班主任在心理健康教育中的责任与使命，赋能学校心理健康教育。

党的二十大报告强调"重视心理健康和精神卫生"。为贯彻二十大精神，教育部、最高人民检察院、中央宣传部、中央网信办等十七部门印发《全面加强和改进新时代学生心理健康工作专项行动计划（2023—2025年）》，要求"切实把心理健康工作摆在更加突出位置，统筹政策与制度、学科与人才、技术与环境，贯通大中小学各学段，贯穿学校、家庭、社会各方面，培育学生热爱生活、珍视生命、自尊自信、理性平和、乐观向上的心理品质和不懈奋斗、荣辱不惊、百折不挠的意志品质，促进学生思想道德素质、科学文化素质和身心健康素质协调发展，培养担当民族复兴大任的时代新人"。中小学时期是学生智力、情感以及意志品质形成的关键期。在中小学教师队伍中，班主任对学生的心理发展有不可替代的特殊作用。班主任开展心理健康教育工作是"促进学生身心健康素质协调发展"的重要环节。

第一节　中小学生心理健康教育概述

心理健康是学生快乐学习、健康成长、幸福生活的基础。基于其在儿童青少年成长过程中的重要作用,国家和政府反复强调要加强中小学心理健康教育。

一、中小学生心理健康教育的内涵

在我国,围绕心理健康开展的教育称为心理健康教育,心理健康教育的目的在于提高学生的心理素质。心理素质的构成要素既包括智力因素,又包括非智力因素或人格因素。[①] 中小学心理健康教育是以积极心理学的价值取向为先导,根据学生生理、心理发展特点,运用有关心理健康教育的方法和手段,培养学生良好的心理素质,促进学生身心全面和谐发展和素质全面提升的教育活动。它既要面向全体,又要顾及个体差异,以优化心理素质、维护心理健康为目的。

二、中小学生心理健康教育的主要内容

中小学生心理健康教育既要向学生普及心理健康知识,引导学生树立心理健康意识,还要帮助学生了解心理调节方法,认识心理异常现象,掌握心理保健常识和技能,提升自身的心理素质。中小学心理健康教育的重点是认识自我、人际交往与情绪调适、角色意识与人生规划、学会学习与适应生

---

① 林崇德. 我的心理学观——聚焦思维结构的智力理论 [M]. 北京:商务印书馆,2008:469.

活。[①] 班主任工作中的心理健康教育也应围绕这几个方面来开展。

1. 认识自我

借助自我观察、他人评价等途径认识自我、展现自我，促进学生自我认知与发展，树立学生成长的自信心。

（1）小学阶段的主要内容

小学低年级：帮助学生认识班级、学校、日常学习生活环境和基本规则。

小学中年级：指导学生了解自我，认识自我。

小学高年级：帮助学生正确认识自己的优缺点和兴趣爱好，在各种活动中悦纳自己。

（2）中学阶段的主要内容

初中阶段：引导学生加强自我认识，客观地评价自己，认识青春期的生理特征和心理特征。

高中阶段：指导学生确立正确的自我意识，树立人生理想和信念，形成正确的世界观、人生观和价值观。

2. 人际交往与情绪调适

引导学生用恰当的方式表达感受，调节情绪，增强学生人际交往能力，培养积极的信念与态度。

（1）小学阶段的主要内容

小学低年级：培养学生礼貌友好的交往品质，乐于与教师、同学交往，在谦让、友善的交往中感受友情。

小学中年级：帮助学生树立集体意识，善于与教师、同学交往，培养其自主参与各种活动的能力，以及开朗、合群、自立的健康人格；引导学生在学习生活中感受解决困难的快乐，学会体验情绪并表达情绪。

小学高年级：开展初步的青春期教育，引导学生进行恰当的异性交往，建立和维持良好的异性同伴关系，扩大人际交往的范围；指导学生正确面对厌学等负面情绪，学会恰当地体验情绪和表达情绪。

[①] 教育部关于印发《中小学心理健康教育指导纲要（2012年修订）》的通知［EB/OL］.（2012-12-11）［2023-4-14］. http://www.moe.gov.cn/srcsite/A06/s3325/201212/t20121211_145679.html.

(2) 中学阶段的主要内容

初中阶段：引导学生积极地与教师、父母沟通，把握与异性交往的尺度，建立良好的人际关系；鼓励学生进行积极的情绪体验与表达，并有效地管理情绪，正确处理厌学心理，抑制冲动行为。

高中阶段：指引学生正确认识自己的人际关系状况，培养人际沟通能力，促进人际间的积极情感反应和体验，正确对待与异性同伴的交往，理解友谊和爱情的界限。

3. 角色意识与人生规划

培养学生对自己生涯发展的积极关注，学会用目标引领发展，提升学生问题解决能力与规划能力，促进学生自主管理与行动。

(1) 小学阶段的主要内容

小学低年级：培养学生树立纪律意识、时间意识和规则意识。

小学中年级：引导学生建立正确的角色意识，培养学生对不同社会角色的适应。

小学高年级：积极促进学生的亲社会行为，使其逐步认识到个人与社会、国家、世界的关系；培养学生分析、解决问题的能力，为初中阶段的学习生活做好准备。

(2) 中学阶段的主要内容

初中阶段：指导学生把握升学选择的方向，培养职业规划意识，使其树立早期职业发展目标。

高中阶段：引导学生在充分了解自己的兴趣、能力、性格、特长和社会需要的基础上，确立自己的职业志向，培养职业道德意识，进行升学、就业的选择和准备，培养担当意识和社会责任感。

4. 学会学习与适应生活

培养学生面对问题积极乐观的心理品质，在学习过程中培养抗挫力、自我控制的能力，促进学生自主发展。

(1) 小学阶段的主要内容

小学低年级：引导学生初步感受学习知识的乐趣，重点是培养和训练学习习惯；帮助学生适应新环境、新集体和新的学习生活。

小学中年级：初步培养学生的学习能力，激发学习兴趣和探究精神，使其树立自信，乐于学习；增强时间管理意识，帮助学生正确处理学习与兴趣、娱乐之间的矛盾。

小学高年级：着力培养学生的学习兴趣和学习能力，端正学习动机，调整学习心态，正确对待成绩，体验学习成功的乐趣；帮助学生克服学习困难。

（2）中学阶段的主要内容

初中阶段：指引学生适应中学阶段的学习环境和学习要求，培养正确的学习观念，发展学习能力，改善学习方法，提高学习效率；引导学生逐步适应生活和社会的各种变化，着重培养应对失败和挫折的能力。

高中阶段：培养学生的创新精神和创新能力，掌握学习策略，开发学习潜能，提高学习效率，积极应对考试压力，克服考试焦虑；帮助学生进一步提高承受失败和应对挫折的能力，形成良好的意志品质。

三、班主任在中小学生心理健康教育中的定位

《关于加强中小学心理健康教育的若干意见》中指出，心理健康教育要"全面渗透在学校教育的全过程中，在学科教学、各项教育活动、班主任工作中，都应注重对学生心理健康的教育，这是心理健康教育的主要途径"。班主任作为学校教育和学生之间的关键联系人，对学生的心理健康有不可回避的责任与使命，这种特殊的身份和角色决定了班主任在学校心理健康教育中的重要地位。

首先，班主任作为学校教育组织系统中最基层的教育者，不仅是学校德育工作最直接的参与者与执行者，还是学校心理健康教育的具体实践者。心理健康教育属于班级管理的一部分，班主任有责任、义务维护学生的身心健康。同时，心理健康教育更是班主任专业化的重要内容。

其次，班主任是学生心理发展的表率者与首席防御者。班主任主持班级工作，教书育人，是班集体的核心，与学生接触最多，也对学生了解最多，这为实施心理健康教育和辅导提供了最优越的条件。在与学生朝夕相处中，班主任更容易察觉和掌握学生的心理活动，不仅可以根据学生的特点，开展

有针对性的心理健康教育；更可以通过学生行为、情绪及各方面的变化，及时发现学生的心理异常情况，并开展心理疏导与干预。

此外，班主任还是多方力量的结合者、家庭教育的指导者。随着时代发展，班主任的功能和职责进一步延伸和拓展。在日常工作中，班主任不仅要联合"家—校—社"多个渠道开展心理健康教育，更要架起学校与家庭沟通的桥梁，指导家长改善亲子关系，为孩子的健康成长提供有力的家庭支撑。

班主任和心理教师是学校场域中心理健康教育的实施主体，但是由于两者角色的差异，在学校教育中承担不同的教育内容，使用不同的教育方法。相较于心理教师，班主任开展心理健康教育工作更强调以班级为单位，以班主任为主导，主要通过班集体建设、班级管理、班级活动、班级文化、偶发事件处理等非专业途径，将心理健康教育渗透到日常教学与班级管理中，为学校心理干预提供了新的工作方法，具有鲜明的针对性、时空的灵活性、防治的系统性以及施教的权威性和实施的可行性等一系列优势。[1] 班主任开展心理健康教育不仅能满足学生自身健康成长的需要，更关系着班主任工作的成败。在中小学全方位的心理健康教育中，班主任处于主导和骨干地位，承担着提高心理健康教育效能、促进心理健康教育融合、创新心理健康教育模式等重要使命。

四、班主任开展心理健康教育的意义

要想进一步深化促进学生的全面发展，发挥班主任的实效性，班主任就要将心理健康教育与班级工作进行有机结合。

1. 有助于形成良好的师生关系

师生关系是一种双向互动的关系。教师作为教育实践的关键主体和构成师生关系的主要责任主体之一，在构建和谐师生关系中具有天然的主导作用。[2] 在师生互动过程中，班主任关爱每一位学生，积极主动地与学生交流、

---

[1] 赵炜. 班主任对中学生心理健康教育实现的意义探析 [D]. 山东师范大学，2008：1.

[2] 李方安. 关系责任视角下和谐师生关系构建探析 [J]. 教育研究，2016（11）：122.

平等对话，真正了解学生的内心需求，共情学生的合理诉求，用发展的眼光看待学生，等等。这些行动能够使学生与班主任建立较为亲密的情感连接，对班主任产生积极反应，同时也能够进一步提升班主任的自我效能感。班主任开展心理健康教育有利于教师了解学生的身心发展特点，从而根据学生的身心特点来进行与之适应的教育。这不仅有助于师生彼此理解，相互尊重、接纳，形成良师益友型的师生关系，而且有助于提升对学生思想领导、学业辅导、行为指导、心理疏导、生活引导与生涯指导的教育实效，激发教师的职业成就感，实现师生共同发展。

2. 有助于加强班集体的建设

班主任的主要职责是建班育人，班集体建设是班主任进行心理健康教育的主阵地。将心理健康教育与日常班级管理工作有机结合，可充分发挥班主任班级管理以及班团队活动的优势，提升班主任的管理效率。根据教育学、心理学等科学原理，班主任可以改善、创新班级管理的方法，捕捉学生转化工作、个别谈话、偶发事件处理、班委培养、班会活动、社会实践、开家长会等实施心理健康教育的良机，关注和观察学生的心理状态，并依照其个性特点，运用教育智慧与心理辅导方法妥善应对，使班级管理贴近学生，提升其针对性和预见性。在心理健康教育过程中，班主任应重视班集体建设的集体氛围及其对学生心理发展的作用，营造温暖、积极向上的集体氛围，促进科学管理班级，培养学生健康的心理素质。

3. 有助于促进实现家校社共育

除了关注学生的心理发展需求，班主任还需及时、适时地与家长沟通，促进家校社共育。通过与家长的沟通，班主任可了解学生的家庭生活环境、家庭教育方式等等基本情况以及学生的心理状态，有利于及时、系统地掌握学生心理变化的动向。解决学生心理问题也需要家庭的配合与支持，当发现学生出现心理和行为问题时，班主任应主动与家长沟通，适时给予必要的家庭教育指导与资源支持，引导家长转变家庭教育观念并运用科学的家庭教育方法，帮助学生摆脱心理困扰。同时，作为联结学校、社会和家庭的桥梁，班主任实施心理健康教育有助于为学生创造良好的家庭氛围，系统地协调学校教育、家庭教育和社会教育的力量，共同呵护学生的健康成长。

4. 有助于德育工作的有效开展

德育工作是班主任工作中的核心部分。作为学校德育工作的最直接的参与者与执行者，班主任加强心理健康教育工作的投入和重视，不仅可以补充学校德育的资源与方法，还能发挥其天然的德育优势。班主任通过心理辅导理论、工具与技巧，贴近学生想法，走近学生心灵，帮助学生更好地认识自我、发展自我，塑造健康的人格，促进个性化发展，为学生提供真正适合的教育。将德育工作与心理健康教育相结合，不仅可以更新传统的德育观念和德育模式，扩大德育的整体效应，提升班主任德育的实效性，落实立德树人的根本任务，同时还能够营造良好的心理健康教育环境，对于心理健康教育与道德教育融合共进，实现"以德育心，以心促德"具有独特意义。[1]

拓展阅读：心理健康教育的基本原则

开展中小学心理健康教育，要立足教育，重在指导，遵循学生身心发展规律，保证心理健康教育的实践性与实效性。

（1）根据学生心理发展特点和身心发展规律，有针对性地实施教育。

（2）面向全体学生，通过普遍开展教育活动，使学生对心理健康教育有积极的认识，使心理素质逐步得到提高。

（3）关注个别差异，根据不同学生的不同需要开展多种形式的教育和辅导，提高他们的心理健康水平。

（4）尊重学生，以学生为主体，充分启发和调动学生的积极性。

（5）积极做到心理健康教育的科学性与针对性相结合；面向全体学生与关注个别差异相结合；尊重、理解与真诚同感相结合；预防、矫治和发展相结合；教师的科学辅导与学生的主动参与相结合；助人与自助相结合。

---

[1] 俞国良，何妍. 班主任在学校心理健康教育中的重要作用[J]. 中小学心理健康教育，2023（13）：5.

第二节　班主任开展心理健康教育的基础

班主任开展心理健康教育的理念和能力极大地影响着心理健康教育的成效，这就要求班主任必须具备开展心理健康教育的良好基础。

一、科学准确的发展理念与态度

教育者的工作理念与态度会贯穿整个育人的全过程。这就特别需要班主任转变自身的观念，以学生发展为本，践行科学的育人观与发展理念。

1. 具备科学的心理健康观

儿童青少年正值生长发育的关键期。树立科学的健康观是班主任开展心理健康教育的首要条件。班主任需准确科学地把握心理健康教育在学生教育中的地位、作用和意义，对其必要性有清晰、明确的认识。健康的心理是全面提高学生素养的前提，开展心理健康教育更是班主任的一项基本的、极其重要的职责。[①] 班主任需科学地开展心理健康教育，科学地界定心理健康问题，绝不能混淆心理治疗、心理预防以及心理咨询。此外，班主任需认识到大部分学生的心理问题属于发展性的，通过科学的心理健康教育可以得到有效解决。

2. 具备科学的心理健康教育理念

优秀的班主任在班级管理、活动组织、师生交往、家校协同等各个育人环节中会有意识地关注学生的心理健康，科学回应学生发展和学校育人的实践需求，系统促进学生身心健康成长。班主任需树立正确的心理健康教育理念，避免出现一些常见的心理健康教育误区。

第一，班主任要以发展取向看待学生成长。心理健康教育是教育的一部

---

① 崔永萍. 班主任工作与心理健康教育 [J]. 教育理论与实践，2004 (18)：37.

分。传统的班主任工作较为关注有异常行为和心理状态不良的学生，而在积极心理学和教育改革的影响下，班主任工作则更加致力于关注学生的心理需求，挖掘心理潜能，营造积极的成长环境。班主任不仅要重视心理健康教育，转变理念，还要在教育实践中遵循学生心理发展的规律，自觉地将适合学生特点的心理健康教育内容纳入、贯穿和渗透在班级管理、学生日常生活、家校沟通的全过程，促进学生身心和谐发展。

第二，班主任要明确心理健康教育中的工作边界与职责。当前，学生成长环境复杂，心理问题形式多样。无论是对学生开展心理健康教育，还是家庭教育指导，班主任都需要了解不同类型学生的心理健康教育需求，明确工作边界与职责，有针对性地开展预防、干预和处理，发挥引导、支持与辅助作用，提升心理健康教育的实效性与针对性。面对正常的儿童青少年群体，班主任需提高其心理素质，促进个体积极发展；对于存在心理危机的学生，班主任需辅助心理危机干预工作，做好监测者与鉴别者，给予心理支持，在保护隐私的前提下，为危机学生创造安全舒适的心理环境；对于存在心理行为问题的儿童青少年，班主任应发挥家庭、学校、社会等多方合力，统筹学校和家庭资源，对学生进行心理干预，改善其心理健康水平，预防、阻断更严重心理障碍状况的发生，帮助学生回归到正常的群体生活；对于需要长期临床心理治疗的有心理障碍的儿童青少年，班主任应协助其治疗和转归等问题处理。同时，班主任还需要调动家长开展心理健康教育的积极性，承担指导家长的责任，推动家校融合，助力学生发展。

第三，班主任应高度关注儿童青少年心理发展的形势与现状。[①] 我国心理健康蓝皮书《中国国民心理健康发展报告（2019—2020）》中"2009年和2020年青少年心理健康状况的年际演变"指出，十余年间青少年的心理健康状况稳中有降。2020年青少年的抑郁检出率为24.6%，其中轻度抑郁的检出率为17.2%，高出2009年0.4个百分点；重度抑郁为7.4%。在社会经济快速发展、代际价值观转型变化以及网络繁荣发展下，一系列社会问题会在学

---

① 儿童的年龄范围在6岁至11岁，属于小学阶段；少年期是指12岁至十五六岁，处于初中阶段；青少年即12岁至20岁（含）。

生的生活、成长和教育中有不同程度的显现。有研究者指出，我国中小学生心理健康问题的检出率也必定随着社会变迁、文化环境、社会心理的变迁而产生一定的改变。[①] 当前，我国儿童青少年的心理需求已经发生了变化，从生存需求转变为发展需求。在学校人际、学业等压力之下，学生或主动或被动地选择了"内卷"或"躺平"。同时，随着社会发展的压力倍增，教师和家长无意识地进行社会焦虑和压力的传递，已然成为学生身边的高焦虑人群，这些均对学生的心理健康产生不良影响。儿童青少年作为相对弱势的群体，成为社会压力的末端承载者，心理问题多发。学业压力、家庭关系、人生无价值感与无意义感、网络依赖已然成为影响儿童青少年心理健康的主要因素。这些形势与状况都需要引起班主任高度且持续的关注。

二、胜任心理健康教育的知识与能力

掌握有关心理健康教育的理论知识与技术是班主任有效开展心理健康教育工作的先决条件。

1. 掌握必要的教育学、心理学知识

班主任是班级学生品德、学习、健康和生活等方面的教育者、组织者和指导者，也是班级教育活动的主要实施者和各方面教育力量的协调者。所以，班主任必须了解和熟悉教育对象——正在成长发育的中小学生。读懂学生，学习并掌握科学有效的教育学、心理学知识，是班主任做好心理健康工作的核心力量。

（1）学生身心发展特点及规律

班主任只有把握学生不同年龄阶段的身心发展特点和规律，才能在班级管理和心理健康教育过程中因材施教，提供适合学生发展的教育。这不仅可以促进班主任前瞻性地开展工作，降低施教焦虑，也是保障心理健康教育科学地开展的前提。基于著名精神分析学家埃里克森的人格发展八阶段理论，

[①] 俞国良，何妍. 中小学生心理健康问题检出率及教育策略[J]. 中小学心理健康教育，2023（4）：4—9.

生理变化必然带来相应的心理变化，班主任可以根据不同阶段的冲突，多种方式引导学生完成不同年龄阶段的任务，逐步促进学生身心发展。

表 7-1 埃里克森的人格八阶段理论中的前五个阶段

阶段	年龄	冲突	人格发展任务	发展障碍者的心理特征
婴儿期	0—18个月左右	基本的信任感对基本的不信任感	发展信任感，克服不信任感	面对新环境时会焦虑不安
儿童早期	18个月到3岁	自主对羞怯与怀疑	培养自主感，克服羞怯与怀疑	缺乏信心，行动畏首畏尾
学前期	3岁到6、7岁	主动对内疚	培养主动感，克服内疚感	畏惧退缩，缺少自我价值感
学龄期	6、7岁到12岁	勤奋对自卑感	培养勤奋感，克服自卑感	缺乏生活基本能力，充满失败感
青年期	12岁到18岁	同一性对角色混乱	建立同一性，防止角色混乱	生活无目的、无方向感，时而感到彷徨迷失

(2) 不同脑区发展速度的影响

人的大脑是终身发展的。学生的身心发展与脑发育密切相关。脑功能的不断发育和完善也为个体思维、情感以及社会性等发展提供了更多可能。7岁、10岁和14岁的儿童身心发展不同，大脑发育也千差万别。科学地认识大脑的发育特点，有助于班主任了解学生发展特点，正确地看待学生遇到的问题，以更好地抓住教育契机，对学生施以适当的引导和教育。

不同的脑区有各自的功能和分工，左脑更多负责思维逻辑性、理性和语言表达能力；而右脑则更多负责创造性思维、情感和直觉反应。不同脑区的发展速度、成熟时间各异。小学生的运动功能发展较成熟，而负责注意力和自我控制的前额叶的发育可能一直到青春期才会完成。因此，就可以理解小学生注意力维持时间较短，容易分心；中学生容易冲动，自我控制能力仍较弱。

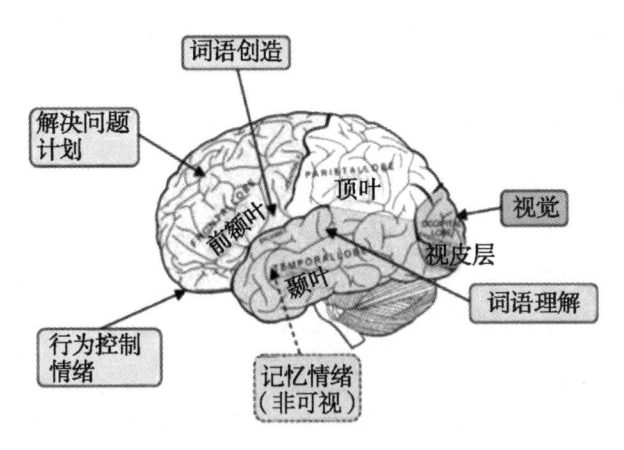

图 7-1 不同脑区的功能

与成年人相比，青少年的大脑对情绪的感受性更强。[①] 由于青春期时大脑系统不同区域发展不均衡、不协调，青少年的情绪和行为表现具有一些青春期独有的特点，如情绪不稳定、自我控制能力滞后等。班主任有必要关注学生的情绪变化和情绪调节能力的发展，避免学生长期处于负面情绪，阻碍大脑发育，影响成长。同时，也要选择适宜的师生沟通方式和施教方法。

青春期大脑的变化主要体现在前额叶皮质、杏仁核和海马体。大脑的杏仁核主要负责产生情绪、识别情绪、调节情绪，杏仁核的发展使人的情绪变得容易激动；颞叶内部的海马体，与记忆和学习密切相关，在学习中起着重要作用；前额叶皮质是大脑的控制中心，负责复杂性思考和理性决策、自控力等。青春期的学生有情绪波动明显、敏感且容易冲动的特点。若个体长期处于压力情境中，最活跃的是杏仁核，容易出现焦虑情绪；同时，海马体容易受损，可能导致学业表现不佳，进而引发沮丧、焦虑、抑郁等一系列情绪问题，这也会抑制前额叶皮质的正常发展。当个体青春期的杏仁核发展速度优于前额叶皮质时，个体更容易被情绪控制而做出不考虑行为后果的事情。

此外，在大脑发育和身体激素上，男孩、女孩也存在差异。男孩的额叶发展速度比女孩慢，男孩更好动、容易分心，很难管控自己的行为，行事鲁莽，也更喜欢做冒险性行为，容易成为教师、家长眼中的"坏孩子"；而女孩

---

① 董奇. 知心育人［M］. 北京：教育科学出版社，2021：13.

较为听话乖巧，能够遵守规则。因此，班主任需注意班级管理和教育过程中的性别差异。

2. 识别儿童青少年常见的心理问题

了解儿童青少年常见的心理问题及其分类与特征，有助于班主任快速、有效地识别有心理问题风险的学生，提升班主任心理健康教育工作的预见性，更科学地开展心理健康教育，并在积极关注中帮助学生、家庭更好地应对与调整。中小学常见的心理问题主要包括学习困难、注意力不集中、情绪波动问题，以及行为问题（适应障碍、品行障碍、网络成瘾以及自杀与自伤）等。

在班级管理过程中，班主任可通过一些可视化的信号，对存在心理健康风险的学生进行初步筛查。如有的学生成绩突然大幅下降；向来性格平和的学生突然无缘无故发脾气；积极向上的学生突然变得消沉、抑郁，不参加任何活动；或者有的同学在班里没有朋友；抑或重要亲人去世、父母离异、家庭关系紧张的学生，这些学生需要班主任重点关注。

3. 了解心理危机干预基本知识

心理危机不同于心理障碍。心理危机一般指个体遭遇突发事件或面临重大的挫折和困难，其情绪剧烈波动或认知、躯体、行为方面有较大改变，且用平常解决问题的方法暂时不能应对或无法应对时所出现的心理反应。面对班级中出现心理危机的学生，许多班主任不敢评估、不会评估抑或存在侥幸心理。所以，班主任需要掌握基本的心理预警和干预知识，以及相关流程等（见后文），才能在班主任工作中预防出现自伤、自杀等极端行为，帮助学生有效应对，化危为机。班主任在开展心理健康教育工作时，需要了解的心理危机干预知识主要包括心理危机学生的识别与干预应对。

（1）识别存在心理危机的学生

班主任通过行为观察、家校沟通、面谈以及心理测评等多种渠道掌握学生的心理状态，识别危机信息并及时评估，为后期的心理危机干预应对明确方向。心理危机的表现有：睡眠时间减少，或者出现睡眠问题（嗜睡、失眠）；无食欲，体重迅速下降；产生焦虑、恐惧、抑郁情绪，感到无助、无价值；认知功能急速下降，有自杀想法，注意力、记忆力下降；日常的交往习惯发生重大变化，与人冲突，有自残、自杀行为等。

心理危机干预的对象一般包括：通过心理健康测评筛查出的、需要重点关注的学生；遭遇重大事件而出现心理或行为异常的学生；患有严重心理疾病（如抑郁症）的学生；有自杀倾向、既往自杀未遂史或家族中有自杀者的学生；因严重生理疾病而导致心理异常的学生；由于身边同学出现心理危机状况而受到影响，产生担心、焦虑、恐慌的学生；其他有情绪困扰、行为异常的学生。除此之外，班主任尤其要重视上述多种特征并存的学生，其心理危机程度更严重，需要予以特别关注。

(2) 掌握心理危机事件的分级与应对

一级危机事件：可能处于心理危机状态的学生。班主任应通过一定的心理支持与辅导，借助班级、年级跟踪关注制度，及时进行备案，并与心理教师定期沟通，与任课教师共同关注、及时发现学生的心理变化。同时，在班级管理中，发挥心理委员的作用，提供心理互助支持，及时上报、干预与转介。

二级危机事件：可能出现严重心理障碍或精神疾病的学生。首先，针对这类学生，班主任应给予特殊关注，认定其存在严重心理问题后，上报德育处与心理咨询中心备案；其次，通过部门合力，寻求专业心理教师支持，通知家长配合处理，告知学生心理状态与风险，建议其接受专业诊断及定期咨询，并例行反馈该生情况。对于确认治疗后能坚持学习的学生，一方面，学校应与家长签订监护承诺，要求家长履行监护责任；另一方面，班主任做好此类学生的跟踪辅导工作，与心理教师密切联系，以提供专业支持。

三级危机事件：自杀未遂或有自杀倾向的学生，或患有严重心理障碍或精神分裂并已确诊的学生。这类学生在班级中较少，但如果二级危机类别的学生得不到有效的心理咨询或治疗，也可能会转变为三级危机事件。一旦出现三级危机事件，对学生、班主任以及学校的影响是巨大的。

班主任和心理教师的密切合作，可以使很多心理危机问题在萌芽状态时便得到解决。[①] 班主任对处于心理危机阶段的学生的干预详见本讲第三节。

---

① 宋美霞，马莉莉，王洪明. 班主任心理辅导 [M]. 上海：华东师范大学出版社，2022：149.

（3）保障学生的生命安全

保障生命安全是学生危机干预的基础目标与首要原则。班主任需高度关注学生身体和环境安全，预防可能出现的危险，将潜在危险降到最低。例如，对于有自杀倾向的学生，应使其远离可能会造成伤害的物品、器械、地点，必要时实施监护，如转移至安全地点、安全楼层，同时排除任何可用以自我伤害或者伤害他人的工具；在此过程中，需要两个以上监护者，至少一位同性（如厕时进行必要安全监护）；最好由与其有良好关系者负责监护工作；必要时两班倒等。

三、保持职业心理健康，注重自我关怀与成长

班主任的心理健康是其开展一切工作的心理学基础。班主任的职业心理健康不仅是维护自我身心健康，确保有效教育教学质量的必要条件，更是学生心理健康的前提保障。师生是心理健康共同体，守护学生心理健康，班主任更要重视自身的职业心理健康，提升自我效能感。

1. 保持职业心理健康

社会的不断发展和教育变革，使教师角色发生了深刻的变化，对教师提出了更高的要求。教师职业角色的多重特性为班主任工作带来了较多的压力与挑战。除父母、儿女、爱人、朋友等角色外，在学校繁杂的工作情境中，班主任还可能扮演着学科教师、班级管理者、学生身心健康守护者、学科备课组长、辅导员、家校协调员、研究者等多重角色，也会在生活与工作中产生角色的冲突。此外，不同角色需求、教师个体认知、能力水平差距可能导致班主任产生强烈的心理冲突，降低自我效能感和工作积极性。

已有研究表明教师职业认同决定了个体基本的工作态度，进而影响个体对自我的认知和对职业的感受。[①] 在教育活动中，班主任的职业认同与职业心理健康水平越高，越能适应更高的工作要求，享受育人工作过程，在教育教

---

① 龚少英，李冬季，赵飞. 情绪工作策略对教师职业心理健康的影响：职业认同的调节作用［J］. 教育研究与实验，2016（4）：93.

学中的积极情绪较多，在工作中遇到困难时，也能更加积极主动地解决和应对，在工作遭遇挫折时，具有更强的复原力。师生互动过程中表现出的有效行为，如情感支持、育人行为、班级管理等也会越多，进而对学生学习兴趣、行为产生重要影响。与此同时，班主任承担着家校沟通与协作的责任，甚至会与家长的心理健康产生相互作用。因此，班主任要正视自己的职业角色，重视自我的职业心理健康。良好的心理状态、坚定的职业理想信念以及良好的职业道德与人格特质，是有效开展心理健康教育的保障和前提。只有职业心理健康的班主任才有可能通过教育实践、反思、调整，不断自我完善，更好地帮助学生解决个体成长过程中所面对的问题与挑战，获得职业价值感和幸福感。

2. 注重自我关怀与成长

班主任在中小学育人工作中承受的压力越大，就越需要提高自我关怀和成长的能力。这既可以帮助他们保持活力，增强复原力，又能发展其自身潜能，平衡工作与生活。

班主任教师的情绪表达受组织规范的制约，学校和社会对教师的情绪工作提出更高的要求。[①] 在现实教育教学中，班主任要努力去调节和控制情绪。存在情绪困扰的班主任可能会出现教育教学效能下降的状况，不仅无法帮助学生应对情绪问题，还可能表现出消极的情绪和行为，给教师带来情绪耗竭和认知失调，严重者会导致学生出现师源性心理障碍。而情绪稳定的班主任更可能在表达和管理情绪方面向学生展示自我关怀的榜样示范，给予学生恰当的情绪与行为引导，创设有安全感的心理环境和成长氛围。因此，班主任要注重自我调节，提升自我关怀能力；调整心态，保持持续的学习力以适应时代变迁、学科发展和学生变化，增强胜任力，不断提升自我、规划自我、实现自我，提升班主任的工作意义感。另外，班主任还需对教育学、心理学理论与实践加强反思分析，引导学生发展积极人格，并提升工作效能感。此外，班主任拓展工作资源，主动争取良好的激励性资源与成长型资源，如组

---

① 龚少英，李冬季，赵飞. 情绪工作策略对教师职业心理健康的影响：职业认同的调节作用［J］. 教育研究与实验，2016（4）：92.

织支持、同事支持等，也能让教师保持良好的职业心理健康状态，以实现工作目标和个人发展目标的统一。①

拓展阅读：心理健康的界定与标准

心理健康是个体良好心理素质的表现。心理健康是指心理各方面都处于一种完好的状态，个体能够意识到个人的能力，能够应对日常生活中正常的压力，能卓有成效地工作，能够对社会有所贡献。它是一种持续的心理状态，在这种状态下，个体具有生命的活力、积极的内心体验、良好的社会适应，能够有效地发挥个人的身心潜力与积极的社会功能。② 心理健康的核心是自我概念，即个体对自我的一种积极的、肯定的认知、评价和态度。国内外学者对于心理健康的标准不尽相同，综合各种观点，可归纳出心理健康的六条标准。

(1) 对现实正确的认识

(2) 自知、自尊与自我接纳

(3) 自我调控能力

(4) 与人建立亲密关系的能力

(5) 人格结构的稳定与协调

(6) 生活热情与工作效率

心理健康偏差

①心理健康偏差分类

心理健康包括健康的情绪、认知、自我和行为，是一种处于动态平衡的心理过程。心理不健康是一种处于动态失衡的心理过程。③ 个体在不同的发展阶段，会遇到学习、生活、自我意识、情绪调适、人际交往和升学就业等各方面的心理困扰或问题。儿童青少年的心理健康偏差可分为心理健康、心理不健康和心理异常三类，这三类是逐渐移行的过程。因此，有教师认为学生

---

① 伍新春，齐亚静. 职业心理健康视角下教师工作资源的分类及其启示 [J]. 北京师范大学学报（社会科学版），2021（5）：55.

② 刘华山. 心理健康概念与标准的再认识 [J]. 心理科学，2001（4）：480—481.

③ 中国心理卫生协会. 心理咨询师（基础知识）[M]. 北京：民族出版社，2012：323.

个体的心理健康状态是一成不变的这种观念是片面和错误的。

```
         心理正常        │ 心理异常
◄─────────────────────────│
   心理健康    ▼ 心理不健康
```

图 7-2　心理健康、不健康与异常的图示①

心理健康与心理不健康两者都属于心理正常范围，两者的正常水平和程度存在差异。心理不健康又分为一般心理问题、严重心理问题、神经症性心理问题（可疑神经症）；② 心理异常是指有典型精神障碍症状的心理活动。根据心理学的定义，如下三条原则是确定心理正常和心理异常的依据。

◇主观世界与客观世界的统一性原则
◇心理活动的内在协调性原则
◇人格的相对稳定性原则③

严重程度	方法途径
一般心理问题	朋辈咨询、心理疏导
严重心理问题	心理咨询师
神经症	心理咨询师，必要时心理医生介入
精神病性症状	精神科医生对症处理

②正确区分心理问题、心理危机和心理疾病

只有正确区分心理问题、心理危机和心理疾病的性质，才能更好帮助我们正确认识学生，实现专业自我发展。

心理问题：是每个人都要遭遇的问题——包括共性、个性的问题，如自我认识、人际交往、学业压力、情绪等，更多的是发展性问题。

心理危机：是心理问题的严重状态，个体往往表现出内心的极度困惑与焦虑。如果没有及时解决，有可能转化为心理疾病。

心理疾病：也被称为心理障碍、精神障碍，是心理问题的"质变"，往往由身体、环境和教育等因素引发。

---

① 中国心理卫生协会. 心理咨询师（基础知识）[M]. 北京：民族出版社，2012：322.
② 中国心理卫生协会. 心理咨询师（基础知识）[M]. 北京：民族出版社，2012：322.
③ 中国心理卫生协会. 心理咨询师（基础知识）[M]. 北京：民族出版社，2012：294.

第三节　班主任开展心理健康教育的策略

对于学生而言，班主任开展心理健康教育的目标是引领并促进学生健康成长。《中小学班主任工作规定》明确指出，"班主任要成为中小学生的人生导师"。作为班主任，必须要关注班级每一位学生的个体成长，要成为班级学生的人生导师，承担起必要的心理健康教育职责，就必须掌握系统的开展心理健康教育的策略。

一、注重学生学情分析，加强学生分类管理

班主任只有将自己对于学生的认识和研究建立在科学分析的基础上，才能保证学生心理的健康发展。

1. 科学分析学生学情

了解班级学生的心理需求和发展特点，是班主任有效开展心理健康教育的重要前提。班主任要对班级学生的整体情况熟记于心，如班级每一位学生直升与否、男女比例、年龄构成、外籍学生情况、随班就读学生情况等。

在班级管理中，班主任可通过查阅学生档案、访谈、调查问卷与深入家访等，多方调研与持续观察相结合，以了解不同学生的学情。对班级每一位学生的基本信息形成一生一档，包括家庭情况、学生自身特征与成长史等。家庭情况包括经济条件、家庭住房、父母教养方式、父母关系、家庭结构（如离异/单亲/重组等）、家族病史等。学生的自身特征主要包括既往病史、学业成绩、兴趣爱好、品行表现等，不同学生的性格、体质体能、行为特征以及情绪反应模式等方面可能会有一些差异。成长史主要包括儿时创伤、经历的重大生活事件，以及学校氛围、同伴关系等。班主任需在常态工作中抓住细节，相互联系，不断观察分析，方能搭建读懂孩子的有效桥梁，开展更有针对性的教育，帮助他们应对成长过程中可能面临的困境。

2. 分类管理班级学生

为保障学生心理健康，最重要的是及时、动态、科学、精准地掌握每个学生的心理健康状况，对症下药、专业引导、科学纾解。班主任应在了解心理健康知识、心理危机事件分级与表现的基础上，借助学生心理体检与成长档案，对学生心理健康状况进行排查摸底，细化常态监护内容，并进行分类管理。对需要特别关注的、存在心理危机隐患的学生，进行针对性的管理和教育，及时发现危机事件的潜在因素，并取用积极措施应对；借助专职心理教师或专业人员给予其心理支持、辅导与干预，并跟踪关注。针对班级的高危人群，必须做好高危人群重点对象的监控与追踪工作。在沟通中了解青少年自杀的征兆，针对言语和行为预警的线索，进行系统性的预防和干预；同时，做好持续追踪，以促进防范自杀的社会支持网络和快速处置干预系统的形成，预防危机事件发生，提升应对能力。即，班主任既需要从宏观上关注整个班级学生的安全、学习、心理健康等情况，又要从微观上关注每个学生的特殊需要和心理危机。班主任要善于与其他学科教师、家长、学生建立平等、理解的双向关系，重视保护学生隐私；对于需要协作才能解决的问题，班主任要积极主动地协调，争取多方联动。

二、建立平等对话的师生关系，关注学生情绪与行为变化

良好的师生关系是学校工作取得实效的重要条件，也是教师对学生进行心理健康教育的一种特殊形式与手段。

1. 构建平等对话的师生关系

心理健康教育以班主任与学生良好的人际关系为基础，平等对话的师生关系有助于班主任及时获取学生身心发展情况等相关信息。建立平等对话的师生关系需要班主任提升自身的心理健康教育知识储备、自我认知，以及与学生共情的能力。在面对不同群体的学生时，班主任要找准角色定位，提供情感关怀，强调师生之间的教育过程应在平等的对话中进行。小学班主任要更多地扮演父母的角色，努力满足学生的情感需求，提供成长帮助；中学班主任则更多地扮演陪伴者、引领者的角色，帮助学生进行生涯规划，把握人

生发展方向。在与学生沟通时，应尊重、真诚、积极关注和共情，在互动对话中建立平等关系，使学生体验到关爱、友善、平等、激励，这样班主任才能真正地走进学生的内心世界，与学生共同成长。

2. 关注学生情绪与行为变化

由于学生躁动不安、喜怒无常等情绪上的表征会与青春期的表现有重合之处，因此容易被我们忽视。觉察学生情绪变化、知晓与情绪相关的认知因素以及这些因素如何引发学生行为变化的班主任，才有可能把情绪困扰解决在萌芽阶段。中小学生的很多情绪问题往往与其他问题伴生出现，如有的学生情绪上出现烦躁、恐惧、愤怒、抑郁、焦虑等，情绪波动程度深，持续时间久。有的生理上会出现不明原因的疼痛、胸闷、睡眠障碍等。甚至有的学生注意力下降、观念消极、思维混乱等，出现坐立不安、易激惹、哭泣、厌学等行为。当班主任发现学生情绪困扰的时候，要系统性地关注学生生理、认知和行为层面的表现，给予学生更多关爱、共情与理解，运用多种方式方法，使学生合理宣泄情绪，恰当地表达情绪，有效地管理情绪。

有的学生有注意力不集中、拖延、学习效率低、无精打采、厌学等学习困难的表现，班主任可能会认为是学生不认真、态度出现问题，但也可能是学生心理状态失衡导致的；有的学生出现头晕头疼、肠胃不适，可能是因为体质较弱或器质性病变，但也可能是心理状态失衡引发的各种身体症状。个体的心理和情绪状态会影响内分泌和免疫力等生理系统，躯体化表现是情绪在表达、呼救，然而学生的躯体化症状与心理状态之间的联系经常被班主任所忽视。例如，抑郁不仅表现在情绪上，躯体化的症状可能也是抑郁的表现，如肌肉酸痛、胸闷心慌、头晕头痛、肠胃不适等。班主任可以通过观察危机当事人的外部行为特征，即预警征兆来进行危机识别。因此，当学生个体在情绪问题中苦苦挣扎，并出现部分躯体化表现（排除器质性病变）时，班主任一定要对学生躯体化表现的症状信号有所察觉和关注，其躯体化症状可能是在提醒学生存在潜在的心理危机。

三、抓住时间节点，创设不同模块，增强心理健康教育针对性

班集体是学生心理健康教育的重要阵地，心理健康教育的重点在预防。

无论是根据学生心理发展预设主题，还是根据某些事件临时选择主题设计活动，学生心理健康教育都需要班主任密切关注学生的心理动态，抓住容易诱发心理危机的重要时间节点。

表7-2 班主任心理健康教育的时间节点与内容参考

重要时间节点	心理健康教育内容参考
入学初始	入学适应教育（环境、人际和学业适应） 良好习惯的养成
开学前两周	心理状态调整
重要考试前后	情绪调节、学业指导、积极归因、挫折教育等
毕业年级	生涯教育、压力应对等
寒暑假放假之前	时间管理等
每周班会	心理健康主题教育，如网络依赖等 心理健康知识传授等

对于班级不同个体、团体和全体学生，心理支持的视角与辅导内容、方法具有明显差异，班主任可结合具体学情和辅导模块，规划心理健康教育的主题与形式，如表7-3所示。班主任可通过心理主题班会、心理拓展活动、心理情景剧、心理游戏、心理专题教育等方式，对班级全体学生进行心理疏导与教育，提升其心理素养，并对个别学生进行重点关注与追踪。

表7-3 班主任开展心理健康教育的模块、主题与形式参考

模块	主题参考	形式
学业辅导	学习习惯　学习动机　学习策略	包括但不限于心理主题班会、心理拓展活动、心理专题教育、集体心理活动、心理健康知识宣传、校园心理剧等。
行为指导	攻击性行为　多动行为　网络沉溺	
生涯发展	自我认同　入学适应　生涯指导	
心理疏导	自卑心理　情绪失控　人际冲突	
危机预防与干预	偶发事件处理　危机情况应对	

面对班集体中有心理问题倾向的学生，一方面，班主任需要结合日常工作，给予其心理疏导与支持，并及时上报心理教师，进行危机评估；另一方面，班主任还须给予必要的家庭教育指导，预防学生心理危机的发生。

四、推动家校社协同施教，创设指向学生终身发展的心育体系

儿童青少年的健康成长离不开家庭、学校与社会的协同。心理健康教育是一项全社会的公益事业，更是学校的重要职责。如果学校教育得不到家庭和社会的配合，就难以发挥有效的作用。学生的家庭支持、学校适应，以及社区积极的文化氛围、资源等，均是儿童青少年心理健康发展的重要保护因子。因此，开展心理健康教育需要三方明确各自的角色、职责和任务，合力构建学生发展的多元支持系统，营造健康成长的氛围，促进学生健康成长。

班主任需要开展基本的家校联动活动，一方面可通过多样化的途径、系列化的活动，主动邀请家长参与学校班级的相关教育活动，或邀请家长分享育儿经验故事、职业生涯发展经验等，使家长更多地了解学校教学、班级管理、学生活动，调动家长参与学校教育的主动性，促进家校理解和良性互动。另一方面，借助学校搭建的家校沟通平台，通过微型家长会、家访等多样化渠道，增强家校沟通，提升沟通效果，进而形成相互配合、彼此支持的良好家校合作模式。尤其是与个别学生、家长沟通困难时，班主任要善于调动、借助学科教师的力量，积极寻求专业的心理教师的支持，协同全员教师参与心理健康教育与家庭教育指导，逐个击破，共创良好的育人氛围。

调动、整合、利用社会资源是开展心理健康教育的有效助力。班主任应善于利用"家校医社""12355"青少年服务热线等社会心理服务，推动学校、社会共同守护学生心理健康，为儿童青少年的心理健康保驾护航。

班主任可探索创新指向学生终身发展的心理健康教育系列校园活动。例如，组织形式多样的班级心理健康教育活动、主题特色班会，对班级学生进行生命教育，引导学生热爱生活、热爱生命；对学生进行自我意识教育，引导学生正确认识自我，积极发展自我；对学生进行危机应对教育，使学生了解什么是危机、如何进行同辈互助、增强心理调适等等。班主任还可以基于学校课程设计、活动安排、物理环境等，开展丰富的社会实践活动（生活实践、素质拓展、同伴交流、社区服务等），不断充实、丰富学生的课余文化活动和生活，积极开展系列文体竞赛、休闲娱乐、人际沟通等适合儿童青少年

特点的各类活动，尽可能满足学生的求知欲望和社会化兴趣。在家校社协同中将人生观、价值观培育渗透到家庭生活、学校文化和班级活动、社会实践与志愿活动中，以德育心、以智慧心、以体强心、以美润心、以劳健心，实现五育并举，促进学生心理健康，助力学生发展。

五、系统掌握应对学生心理危机的策略，科学及时地化解危机

中小学生由于心理障碍或疾病而导致的危机事件时有发生。对危机的处理需要动员社会、家庭和学校的力量，对有心理危机的学生能做到早发现、早诊断、早治疗，形成系统的预防与干预机制。

1. 学生心理危机的应对原则

应急与常态融合原则。学生的心理危机的发生常常不是一时的偶然行为，是成年累计的，一般存在明显征兆（警示讯号），或受到重大生活事件的影响。班主任通过各种方式发现有心理危机风险的学生个体，针对本班学生的实际情况，本着教育为主、及时干预、跟踪服务的原则，做好班级心理委员的选拔和班级学生心理异常情况的登载工作；重视日常生活中班级学生的心理健康状况变化，做好学生心理危机早期预警工作，对学生心理健康状况变化早发现、早汇报、早评估、早反馈、早干预，力争将学生心理危机的发生消除在萌芽状态。

可为与不可为结合原则。班主任要了解不同部门、人员在危机干预工作中的职责，及时地为重大危机事件处理做出决策，寻求帮助与支持。

科学性和灵活性结合的原则。在心理危机预防和干预过程中，我们应遵循科学性原则；在处理面对学生的发展性问题时，我们的应对和干预方式也要根据具体情况的变化及时做出调整。

2. 学生心理危机的预防与识别

危机预防是心理危机干预中非常重要的一项内容。国家卫健委已将抑郁症筛查纳入学生健康体检内容，要求建立学生心理健康档案，评估学生心理健康状况。因此，班主任首先要明确班级每一位学生的心理健康状况，把握学生身心发展的动态，并对心理教师反馈的测评结果异常的学生给予重点关

注，及时向年级或心理中心汇报其变化并进行系统干预，最大限度地减少心理危机的发生。

对存在下列情况之一的学生，应作为心理危机干预的高危个体予以特别关注。

情绪低落抑郁者（超过半个月）；

过去有过自杀的企图或行为者；

存在诸如学业失败、躯体疾病、家庭变故、人际冲突等明显的动机冲突或突遭重挫者；

家庭亲友中有自杀史或自杀倾向者；

性格有明显缺陷者；

长期有睡眠障碍者；

有强烈的罪恶感、缺陷感、自我价值感缺失和不安全感者；

感到社会支持系统长期缺乏或丧失者；

有明显的精神障碍者；

存在明显的攻击性行为或暴力倾向，或其他可能对自身、他人、社会造成危害者。

对近期发出下列警示讯号的学生，应作为心理危机的重点干预对象，及时进行危机评估与干预。

谈论过自杀并考虑过自杀方法，包括在信件、日记、图画或乱涂乱画的只言片语中流露死亡念头者；

不明原因突然给同学、朋友或家人送礼物、请客、赔礼道歉、述说告别的话等行为明显改变者；

情绪突然明显异常者，如特别烦躁，高度焦虑、恐惧，易感情冲动，或情绪异常低落，或情绪突然从低落变为平静，或饮食睡眠受到严重影响等。

3. 学生心理危机的评估

心理危机类型和程度的评估会影响危机事件的应对方式，如全天候监控、社会支持系统介入、专业人员介入等。因此，危机事件发生时，需要相关人员评估被干预者的自杀风险、自残风险及攻击风险。其中，以下要点内容需要注意：最短的时间内掌握当事学生背景资料（心理档案、其他途径收集等）；协同相关人员，确保当事学生人身安全；给予当事学生情感支持：倾听、共情等；引导当事学生理性选择，有效应对；做好当事学生的追踪和后续处置。

表 7-4 学生心理危机类型与程度评估

危机类型	程度评估
◇学业压力	◇一般危机
◇家庭关系	◇严重危机
◇师生关系	◇引发生命安全或重大事件的危机
◇自己病残	
◇亲人朋友伤亡	
◇失恋	
◇精神疾病	
◇疫情等突发事件	
◇……	

4. 学生心理危机的应对流程

心理危机干预是在学校、家庭和社会的协作下，由专业心理咨询治疗机构和精神卫生专业机构具体实施。[1] 它是一项系统工程，必须开展团队合作。在对日常学生管理、心理预警学生的干预中，班主任要明确自身在危机预防教育、干预应对、后期追踪中的责任范围。学校和班主任应明确沟通、上报渠道，快速有效地应对危机，相互连接、分工、合作、赋能，最大程度地降低风险。例如，班主任应及时与学生家长或其法定监护人取得联系、了解既往病史并协助做好当事人的安抚工作；值班领导和值班人员负责现场的指挥协调，联系心理教师、校医、保安、校外救助机构，做好现场其他学生的稳定及救助设备的调度工作；心理教师负责制定和实施心理救助方案，稳定当事人情绪；保安部负责保护现场，协助有关部门对事故进行调查取证，配合学校及医疗部门对学生进行医疗救护过程中的安全监护；校医负责对当事人实施紧急救治，或配合相关人员护送其入院治疗。

---

[1] 廖全明，黄希庭. 中小学生心理健康服务体系模式的构建［J］. 心理科学，2009 (2)：274—276.

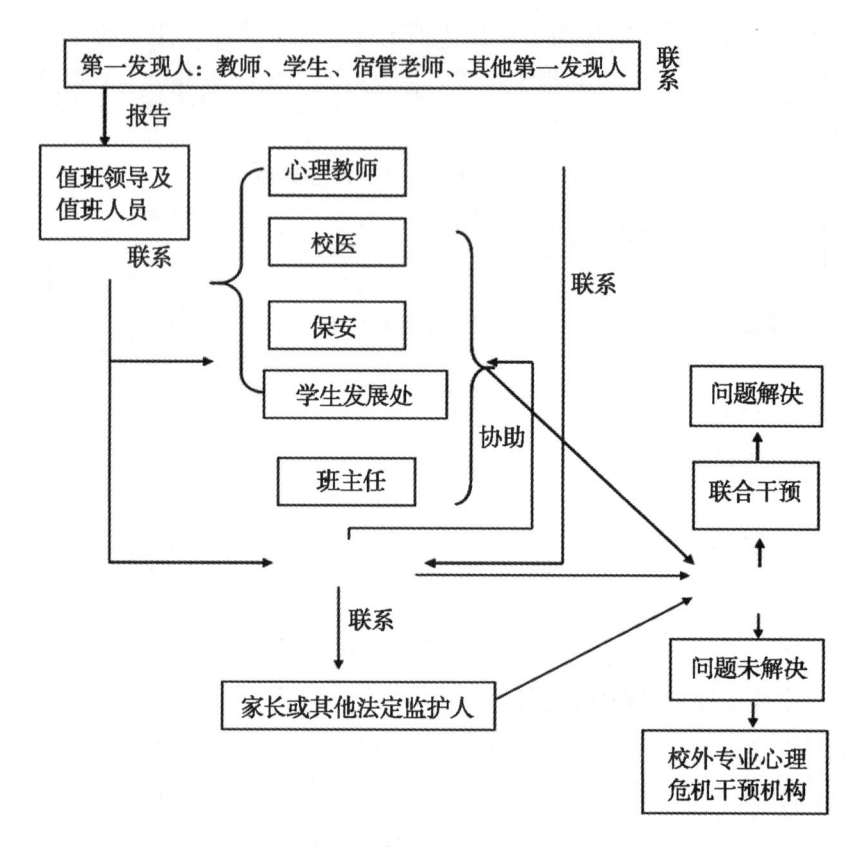

图 7-3 危机应对流程参考

学生出现心理危机事件后，班主任必然会受到危机事件的影响。班主任只有调整好自己的情绪，才能安抚班级的其他学生，有效开展后续诸多工作。

当发现有伤害性事件（自杀或伤人倾向）时，班主任要尽快到达现场，确定情况并通知学校领导与心理教师，传递一手信息和资料，辅助心理危机干预工作，并进行初步处理，如协调有关部门及时阻断可能引发学生心理危机的人、事或情景等刺激物，消除对危机个体的持续不良刺激，防止情况进一步恶化；在过程中为当事学生提供心理支持，做好安抚工作。同时，及时联系家长，密切沟通，进行安全移交。移交前，班主任、心理教师等人员组成的监护小组需要对当事学生实施 24 小时监护，保证生命绝对安全。此外，如果出现危机事件，班主任应做好班级其他学生的情绪安抚工作，避免自杀传染，还要关注媒体报道、舆情的影响等。

5. 学生心理危机的追踪

在后期追踪阶段中，如果危机事件的当事学生或因心理问题而休学的学生申请复学，有几点需要注意。第一，遵循科学流程。申请复学的学生应持有医院的治愈证明，并到指定的医院做复诊检查，经校心理危机干预小组同意后，到教务处办理复学手续。同时，学校与其家长签订书面协议书。第二，个性化全面支持。为了更好地帮助个别学生回归正常学校生活，班主任需将复学学生的学习生活妥善安排，给予其学业指导并帮助其建立良好的社会支持系统，提供学业、人际等方面的支持；通过心理委员、班委等对其密切监护，了解其心理变化情况，防止该生心理状况恶化。第三，跟踪支持。必要时主动向心理教师以及社区人员寻求支持。

6. 干预学生心理危机的法律根据

在学生危机管理和干预中，班主任需要恪守法律界限，兼顾师生关系，遵循相关法律和伦理规范，同时也要用法律武器保护自己，寻求法律支持。

拓展阅读：《学生伤害事故处理办法》摘要

（教育部令第 12 号　2002 年 9 月施行，2010 年 12 月修改）

第十二条　因下列情形之一造成的学生伤害事故，学校已履行了相应职责，行为并无不当的，无法律责任：

（一）地震、雷击、台风、洪水等不可抗的自然因素造成的；

（二）来自学校外部的突发性、偶发性侵害造成的；

（三）学生有特异体质、特定疾病或者异常心理状态，学校不知道或者难于知道的；

（四）学生自杀、自伤的；

（五）在对抗性或者具有风险性的体育竞赛活动中发生意外伤害的；

（六）其他意外因素造成的。

《中国心理学会临床与咨询心理学工作伦理守则》中，对心理行业规范中的保密原则的例外进行了说明：（1）心理师发现寻求专业服务者有伤害自身或他人的严重危险；（2）不具备完全民事行为能力的未成年人等受到性侵犯或虐待；（3）法律规定需要披露的其他情况。

《中华人民共和国精神卫生法》第二十八条　疑似精神障碍患者发生伤害自身、危害他人安全的行为，或者有伤害自身、危害他人安全的危险的，其近亲属、所在单位、当地公安机关应当立即采取措施予以制止，并将其送往医疗机构进行精神障碍诊断。

若学生发生伤害事故或者学生疑似精神障碍患者发生伤害自身、危害他人安全的危险，学校以及班主任必要时，须接受质询并提供相应证据以佐证切实履行相应的职责，并无行为不当，则无需承担法律责任。可见，班主任明确自己在面对危机事件时的责任，以及采取妥善行为处理至关重要，必要时可以进行法律咨询。

推荐阅读：

1. 钟志农. 探寻学生心灵成长"路线图"——中小学心育活动课程开发指南[M]. 北京：教育科学出版社，2012.

2. 一行禅师. 正念的奇迹[M]. 北京：中央编译出版社，2010.

3. 董奇. 知心育人——适合每位教师的心理健康教育指导手册[M]. 北京：教育科学出版社，2021.

4. 边玉芳. 读懂孩子[M]. 北京：北京师范大学出版社，2014.

思考题：

1. 班主任在心理健康教育中的特殊角色有哪些？

2. 面对处于心理危机中的学生，班主任可以通过哪些方式给予学生支持？

3. 在心理健康教育过程中，班主任如何实现自我持续提升与发展？

第八讲 班主任如何进行专业发展？

本讲导读：
班主任专业发展是提升班主任素养的重要途径，也是保障班主任工作专业性的重要方式。从班主任的角度看，班主任应当在哪些方面有所提升，以及如何进行专业发展，这些是本讲所探讨的主要内容。

班主任专业发展是出现于 21 世纪初的一个议题。班华教授认为，20 世纪 80 年代人们关于教师专业化的讨论和研究，为班主任专业化的提出提供了社会条件和思想来源。2002 年，首都师范大学王海燕首次提出"班主任专业化"的设想。2003 年召开的班集体建设研讨会将主题定为"班集体建设与班主任专业化发展的研究"。这不仅表明班主任专业化议题受到人们的认可，也进一步推动了人们认识、研究班主任专业化的相关内容。2004 年，《人民教育》编辑部组织策划了"班主任专业化"专辑，使人们对于班主任专业发展的认识更为深入。[1] 此后，很多研究者关注并对班主任专业发展进行了探讨。何谓班主任专业发展？这是人们探讨较早并持续关注的问题。目前，较有代表性的界定与分析如下。

班主任专业化是特殊类型的教师专业化。班主任是特殊类型的教师，班主任专业化是一种特殊类型的专业化，或者说是教师专业化的一个特殊方面。[2]

从职业群体的角度看，班主任专业化主要强调班主任群体的、外在的专业性提升，反映了一个职业逐步达到专业标准，向专业阶段发展的过程。从

---

[1] 班华. 班主任专业化问题的探讨过程 [J]. 人民教育，2010（5）：33—34.
[2] 班华. 专业化：班主任持续发展的过程 [J]. 人民教育，2004（15—16）：9—14.

个体角度看,班主任的专业化表现为班主任的专业发展。班主任的专业发展是班主任个体的、内在的专业品质的不断提升、发展、完善的过程。①

班主任专业化的内涵基本上与教师专业化的内涵相似。教师专业化是指教师在获得国家规定的学历标准的基础上,建立现代教育理念,修炼崇高的职业道德,并经过教师职业培训而获得必要的专业知识、专业能力和教师资格,确保专业地位的过程。班主任专业化与教师专业化具有共同性。然而,班主任的专业角色与教师的专业角色是有所不同的,他们除了和任课教师一样要完成教学工作之外,还要履行班主任的职责。因此,班主任的专业化就是以教师专业化为基础,以专业的观念和要求对班主任进行选择、培养、培训、管理和使用的过程。②

由此可见,班主任专业发展是一种特殊类型的教师专业化,是班主任专业化的有机构成部分与重要议题之一,主要侧重于从个体角度描述班主任的专业化,是班主任专业素养的形成及提升过程。

第一节 班主任专业发展的结构及内容

班主任专业发展的结构和内容为何,这是人们在探讨班主任专业发展问题时非常关注的一个领域。目前来看,人们一般是按照教师专业发展的结构来分析班主任专业发展的结构,并根据班主任工作的特殊性确定专业发展的具体内容。近年来,一些研究者从班主任应具备的核心素养出发,对班主任专业发展结构及内容进行了梳理与分析。

---

① 冯建军. 班主任专业化初论 [J]. 教师之友,2005(8):5—8.
② 齐学红,黄正平. 班主任专业基本功 [M]. 南京:南京师范大学出版社,2017:10.

一、班主任专业发展结构与内容的一般性分析

一般情况下,研究者结合教师专业发展的结构与内容,对班主任专业发展的结构与内容进行了探究,较有代表性的探讨如下表 8-1。

表 8-1　班主任专业发展的结构与内容

研究者	班主任专业发展的结构与内容
班华 (2004)	班主任专业发展的内容如下:(1)学会精神关怀(关心、理解、尊重、信任);(2)学会班级建设(形成适宜的班级教育目标的能力;建设真的学生集体,促进学生个性发展的能力;组织班级教育活动的能力;优化班级文化的能力;人性化班级管理的能力;形成班级教育合力的能力;具有发展性评价的能力);(3)班主任的教育信条(尊重与相信学生;了解学生心理,与学生沟通;公正地对待学生;营造良好班级文化氛围;建设良好班级共同体;关心、热爱学生;言教与身教相结合;鼓励学生;终身学习,持续发展;形成班级教育合力;喜欢、热爱班主任工作)。此外,班主任还应掌握道德教育的原理、方法和具有必要的教师道德。这两方面是相关的,都应当是其专业化最重要的方面。[1]
冯建军 (2005)	我们必须根据班主任专业化的核心——对学生的精神关怀——确定班主任专业化的内在标准,包括专业信念、专业知识、专业能力、专业人格和专业的自我进取意识等。专业信念是专业结构的核心,是班主任对专业性质的认定。关心、理解、尊重、信任、责任、为人师表等构成班主任工作的核心理念。在专业知识方面,班主任要做好人的精神工作,要管理好一个组织,必须具有教育学、心理学和管理学的知识,尤其是道德教育、班级经营、心理辅导、班主任工作的原理与策略、团队活动的组织与指导等方面的知识。除了这些显性知识外,还要充分运用个人在人际交往中所具备的缄默知识和实践知识,它们也直接影响着班主任的

---

[1] 总结于:班华.专业化:班主任持续发展的过程[J].人民教育,2004(15—16):9—14.

续表

研究者	班主任专业发展的结构与内容
	工作。在专业能力方面，主要有组织和管理班集体的能力、班级发展的规划能力、研究和指导个别学生的能力、与家长和任课教师沟通的能力、班级管理的研究能力等。班主任还要有良好的专业人格，包括有良好的职业道德，对学生充满爱心，公平地对待每个学生，为每个学生的发展负责等职业人格。在专业发展的意识上，班主任要有对专业的满腔热情，有不断进取的决心，有终身学习的意识。[1]
闫守轩（2010）	班主任的专业发展主要涉及如下内容：专业态度与情感、专业理想与信念、专业道德、教育理念、专业知识、专业能力、专业发展意识和专业心理素质。[2]
朱文学（2011）	班主任的专业发展主要有班主任专业道德、专业知识和专业能力，其中较为重要的是专业能力。[3]
齐学红，黄正平（2017）	班主任的专业发展主要涉及如下三个方面：专业认知、专业能力、专业道德。在专业认知方面，班主任除了与一般任课教师一样要了解和掌握教育学、心理学、伦理学等教育理论知识外，还需要了解德育原理、班主任学的基本理论和实践知识，需要掌握班级管理学和班主任工作行为学的相关理论知识并逐步应用到学生教育和班集体建设与管理当中去，形成自己的风格。在专业能力方面，一个专业化的班主任必须具备多方面的能力，如深入了解和研究学生的能力，创建班集体的能力，做好个别学生工作的能力，组织开展各种班队活动的能力，灵活机智的应变能力，交往协调能力以及熟练地运用网络开展德育工作的能力等。此外，班主任还应具有较强的教育科研能力。在专业道德方面，班主任的专业化要求班主任具有高尚的职业道德，班主任的职业道德是一种宝贵的教育资源。[4]

---

[1] 总结于：冯建军. 班主任专业化初论[J]. 教师之友，2005（8）：5—8.

[2] 总结于：闫守轩. 小学班主任专业发展现状的实证研究[J]. 教育科学研究，2010（4）：42—44.

[3] 总结于：朱文学. 班主任专业能力：目标与策略[J]. 人民教育，2011（12）：28—30.

[4] 总结于：齐学红，黄正平. 班主任专业基本功（第3版）[M]. 南京：南京师范大学出版社，2017：10.

由此可见，研究者对于班主任专业结构和内容的看法见仁见智。但是，知识（如认知）、能力（如行为）、情意（如精神）是研究者多次提及的词汇，具有较强的代表性与概括性。这里将结合教师专业发展结构与内容的相关探讨，从专业知识、专业能力和专业情意三个方面分析班主任专业发展的具体内容。

1. 专业知识

专业知识是指在班级建设、班级管理等工作中需要掌握的基本知识体系。依据知识的具体作用，专业知识可分为四类：本体性知识、实践性知识、条件性知识[①]和辅助性知识。

本体性知识，一般指特定的学科知识。考虑到班主任工作的特殊性，班主任的"学科专业"是指班集体建设、班会组织、团队活动指导、与学生谈话的艺术等，它们构成班主任学科知识的体系。[②]

实践性知识，指的是班主任在面临特定的教育情境时所应具备的知识，如处理班级突发情况的能力。班级建设、班级管理、学生教育等工作在具有常规性的同时，也具备鲜明的情境性特征。面对鲜活的教育活动，班主任应当具备适宜的实践性知识，如开展班级建设、应对班级突发情况的特定话语、丰富经验、灵活技巧等。

条件性知识，主要指那些关于学生、德育活动的规律性的知识，如教育学知识、心理学知识和德育理论知识，又如学生品德发展规律的知识、德育原则与方法的知识、班主任工作基本原理的知识等。

辅助性知识，是指那些与班级管理虽无直接联系，但是有助于班级管理、学生教育的相关知识，如宽广的文化基础知识。一些研究者指出，由于班主任专业角色的丰富性，需要对学生进行心理、科技、环保、艺术等多方面的教育，班主任要有广博的文化知识。[③]

---

① 申继亮，辛涛. 论教师素质的构成 [J]. 中小学管理，1996（11）：4—7.
② 黄正平. 关于班主任专业化的思考 [J]. 中国教育学刊，2008（2）：41—44.
③ 齐学红，黄正平. 班主任专业基本功（第3版）[M]. 南京：南京师范大学出版社，2017：11.

2. 专业能力

班主任的专业能力指的是班主任在进行班级建设、学生指导时所应当具备的能力,是班主任完成相关工作的重要保障。

了解及指导学生的能力。指班主任充分、理性了解所面对的学生并给予适切指导、引导的能力,如观察学生的能力、分析学生特征的能力、为学生进行发展规划的能力、为学生树立正确发展方向的能力等。

组织管理能力。"班"是班主任的工作对象之一。班主任需要将"班"建设成班集体、班级共同体。为实现这一目标,班主任需具备相应的组织管理能力,如班级发展规划能力、班会设计与实施能力、组织班队活动能力、班级文化建设能力等。

沟通协调能力。即班主任与其他教育主体进行有效沟通、协调各教育主体的能力。社会相关主体的诉求、家长的要求以及各学科教师的想法,会在一定程度上汇集到班级的主要负责教师之一——班主任处。为教育工作的良好开展及学生的健康成长,班主任必须具备与各方主体进行沟通以及相应的协调能力,如有效沟通的能力、危机沟通的能力、协调各方不同诉求的能力等。近年来,班主任的家庭教育指导能力尤为人们所重视。[①] 这里将其视为班主任沟通协调能力的一种具体表现。

研究能力。是指班主任在从事班主任工作中发现问题、分析问题及解决问题的能力。随着社会变迁、时代发展,班主任面临着新的现象、新的问题,这需要班主任具备从现象中提炼问题、分析并尝试解决问题的能力。

3. 专业情意

班主任的专业情意指的是班主任的专业精神、专业伦理及专业信念等。近年来,班主任的专业情意对于专业知识、专业能力的提升,具有非常积极的激发、调整等作用,日益受到人们的重视。

专业精神。指的是班主任在开展工作过程中所应当具有的价值倾向、风范、态度等,是立足于班主任工作特殊性所形成的一套精神体系,如对学生

[①] 张蕾. 新时代中小学班主任家访的"难为"与"可为"[J]. 教育科学研究,2022(7):66—85.

的关心、理解、尊重、信任等。

专业伦理。是指教师在工作中应当遵循的道德规范和行为准则。[①] 相应地，班主任作为一种特殊类型的教师，在遵守教师伦理的同时，也需要遵守班主任的相关伦理规范。这就是班主任的专业伦理。

专业信念。班主任的专业信念指的是班主任在长期工作过程中所应当形成的关于班主任、班主任工作的一些坚定信念，如班主任是一个专业性的岗位、班主任工作平凡而伟大等。

二、核心素养视域下班主任专业发展的结构与内容

随着《中国学生发展核心素养》的发布，"核心素养"成为教育领域中为人们所关注的重要议题之一。一些研究者认为，为更好地培养学生的核心素养，教师也应当具有相应的核心素养。在这种观点的影响下，部分研究者聚焦于班主任核心素养的探究。整体而言，研究者关于班主任核心素养的研究主要有两种基本取向。[②]

一是整体探索中小学班主任核心素养。例如，有研究者基于班级的发展走向提出，中小学班主任的核心素养应当包含领袖型人格、教育家情怀、学习型品质与课程开发者四大方面。[③] 有研究者划分了中小学班主任核心素养与专业标准的三个层次，即基础标准、核心标准、理想标准，并进一步细化出11个指标。[④] 还有研究者运用德尔菲法和文本分析法得出中小学班主任应具

[①] 檀传宝，等. 教师专业伦理基础与实践 [M]. 上海：华东师范大学出版社，2016：5.

[②] 许锋华，陈俊源，聂文庆. 小学班主任需要什么样的核心素养——基于152份班级成长记录的扎根理论研究 [J]. 湖南师范大学教育科学学报，2021（2）：41—48.

[③] 齐学红. 未来班级发展走向与班主任核心素养构建 [J]. 教育科学研究，2017（2）：19—21.

[④] 江涛. 班主任核心素养及专业标准体系建构——基于德尔菲法的研究 [J]. 教育科学研究，2018（12）：78—87.

备五项基础素养和三项核心素养。[①] 二是聚焦特定学段或特定类型学校的班主任核心素养。这具体分为如下几类：第一，探讨小学班主任的核心素养。如，有研究者将小学优秀班主任素质归纳为人际交往倾向等五个方面，每一方面又包含不同的具体项目。[②] 有研究者基于班级成长记录，提炼出小学班主任的自主生长、儿童指导与班级建设三大核心素养，并分析了各核心素养的具体维度。[③] 第二，研究高中班主任核心素养的主要构成。有研究者基于走班教学背景提出，高中班主任应当具备管理素养、研究素养和信息素养三种核心素养。[④] 第三，设计职业学校班主任胜任力模型。有研究者构建了中职班主任胜任力洋葱模型。该模型分为内外两层，内层为班主任核心素养（胜任素质），由人才培养等9个元素组成，外层代表班主任的关键任务（专业能力），由建设师生关系等12个方面构成。[⑤]

这里以一项研究为例进行呈现。耿申等人采用德尔菲法，对班主任的基础素养和核心素养进行了探究，具体内容如下图8-1。[⑥]

[①] 耿申，魏强，江涛，等. 班主任的专业素养：基于实证研究的体系建构 [J]. 中国教育学刊，2020（12）：94—98.

[②] 揭水平，马红宇，周宗奎，等. 小学优秀班主任素质结构研究 [J]. 西南大学学报（社会科学版），2009（2）：139—142.

[③] 许锋华，陈俊源，聂文庆. 小学班主任需要什么样的核心素养——基于152份班级成长记录的扎根理论研究 [J]. 湖南师范大学教育科学学报，2021（2）：41—48.

[④] 王卫东. 走班教学背景下普通高中班级的基本特征与班主任核心素养 [J]. 教育科学研究，2017（3）：24—28.

[⑤] 张勤，田明琦. 中等职业学校班主任胜任力模型的构建与应用研究 [J]. 中国职业技术教育，2016（20）：5—8.

[⑥] 详见：耿申，魏强，江涛，等. 班主任的专业素养：基于实证研究的体系建构 [J]. 中国教育学刊，2020（12）：94—98.

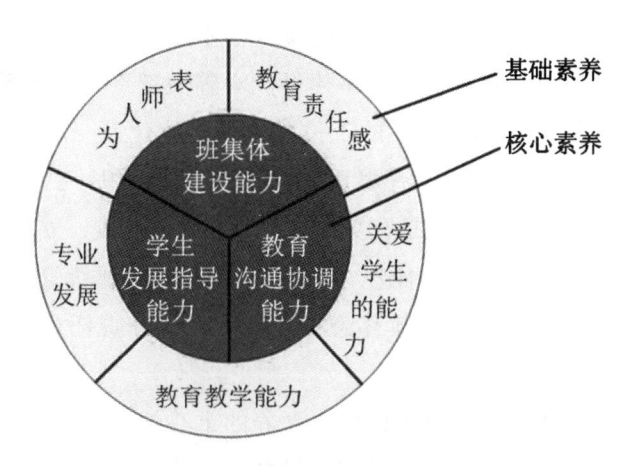

图 8-1 班主任专业素养框架

这项研究认为，班主任的基础素养包括五大方面：一是为人师表，包括遵纪守法、品行端正、以身作则。为人师表是班主任素养的前提和基础，班主任应遵守法律法规，思想作风端正，严格要求自己。二是教育责任感，包括热爱教育事业、拥有教育理想。教育责任感体现了班主任的职业道德规范，班主任应具有教育使命感和教育理想，对教育有思考和追求，对学生发展有高度责任感，尽心尽力对待教育工作。三是关爱学生的能力，包括尊重学生、关心学生、理解学生。班主任的育人工作，需要建立在对学生的全面了解、理解、爱护、尊重的基础上，唯此才能实施有针对性的教育。四是教育教学能力，包括教学能力、教育智慧。在教学能力方面，班主任应具备相关学科的基础知识和专业知识，具有课程开发和实施能力，能指导学生的学科学习；在教育方面，班主任应具备娴熟的教育艺术，借助语言、动作、环境等方式教育学生，艺术地、创造性地解决教育实践中的问题。五是专业发展，包括学习能力、反思能力、研究能力、创新能力。教师是具有专业性的职业，需要具备终身学习的意识和能力。班主任在教育实践中，必须坚持理论联系实际的原则，不断总结经验、反思学习、研究创新，促进自身的专业发展。

班主任的核心素养包括班集体建设能力、学生发展指导能力、教育沟通协调能力三个方面。这三项素养是班主任专业素养的核心，它既是对班主任这一重要岗位的根本要求，也是优秀班主任理想发展的基本框架，是班主任区别于一般教师的最为重要的三项能力，具体内涵如下。

班集体建设能力，是班主任特殊岗位的基本要求和重要基础，其内涵是集体建设，包括班级管理能力、集体建设能力等关键点。通常所说的班级管理、班级教育，都属于集体建设的下位概念。集体建设一般包含三个要素：一是有团队愿景，即有目的、有规划、有计划、有组织；二是有团队领导，即须设班委、建领导团队；三是有交往规范，即须建制度、立班规、开班会、行民主。班主任要善于通过精细化、人性化、民主化的班级管理和班级教育，维持班级秩序，建立起学生的集体意识、规则意识和责任意识，形成友善、和谐的班级文化氛围。

学生发展指导能力，是班主任核心素养的重心部分，具体包括价值观教育能力、个性化指导能力、身心健康指导能力、评价能力等关键点，要求班主任引导学生建立正确的价值观，了解、理解、尊重每个学生的个性和特长，对学生开展个性化指导，善于疏导学生情绪、引导学生行为，能够恰当地评价、激励学生。

教育沟通协调能力，是班主任核心素养的重要组成部分，具体包括沟通教育信息、协调教育关系、调动教育资源等关键点。班级管理和教育的本质是协调——为达成共同的育人目标，调动相关人员互动，开展相互配合的教育工作。班主任的教育沟通协调能力，既包括校内同事之间的沟通协调，也包括校外与家长、社区的沟通协调。沟通形成共识，教育理念达成一致；协调形成合力，教育力量协同管理，共同完成立德树人的根本任务，实现育人目标。

第二节　班主任专业发展的途径

班主任专业发展的途径是多种多样的。一部分途径需要外部提供资源、平台，如班主任参加的职前教育和职后研修，需要相关机构组织、协调。一部分途径则主要是由班主任自主实施的，如班主任的自主实践、阅读等。这里将从以上两方面梳理班主任专业发展的途径。

一、参加职前教育和职后研修

职前教育与职后研修的性质、特征虽有一些差异，但在班主任专业发展过程中，都发挥着重要的作用。

1. 接受职前教育

班主任的职前教育，主要指教师在成为班主任之前所接受的教育，典型代表是高等学校的师范教育。一般情况下，高等学校师范专业会开设"教育学""德育与班主任"等方面的课程，使师范生或对教育工作有兴趣的学生了解班级、班主任工作等内容。同时，一些高等学校在安排师范生进行教育实习时，也通过中小学有意培养师范生的班主任素养，这些均可视为高等学校教师教育中蕴含的班主任职前教育。此外，在班主任被聘任但正式上岗之前，教育行政部门、学校也会组织一些培训活动，人们一般将其称之为"岗前教育"，这也属于职前教育。这两种职前教育具有一定的差异性。高等学校组织的职前教育往往系统性、理论性较强，而"岗前教育"的实践性较强。

2. 参与职后研修

职后研修则是教师成为班主任之后接受的培养培训。一般情况下，职后研修的形式和种类较为多样。如，教育行政部门、学校组织的培训（日常培训、专题培训等），参加名班主任工作室或工作坊、班主任沙龙以及班主任基本功大赛等。这里选取一些班主任接触较多的形式和种类进行详细描述。

教育培训。教育培训一般是指由教育行政部门、学校组织的各种培训活动，其中常涉及德育理论与实践、班级管理的理念与实务、学生心理发展、师生关系等诸多议题，旨在帮助班主任更好地认识、处理班主任工作，不断提升班主任工作的专业性与有效性。对于大部分班主任而言，这是最为常见的一种职后研修形式。

工作室或工作坊。班主任工作室或班主任工作坊都是为促进班主任专业发展而建立的机构，是促进班主任成长、提升班主任专业素养的有效平台。其基本取向是使班主任在参与性、操作性、体验性相对较强的环境中参加培训和实践，促使其教育实践真正与理论相结合。① 工作室或工作坊可视为一种促进班主任专业发展的学习共同体。依据相关研究，工作坊主要有两种形式。一是教育理论研究者与一线中小学教师结合搭建的学习平台；二是以班主任群体形成的以"名优班主任"为领军人物组建的"家园式"研讨平台。这两种形式有不同之处，有其各自的侧重。但就其本质而言，二者是相同的，都践行了"共享"的发展理念，即理论和实践工作者共享、领军人物和新手班主任共享；都是为班主任提供学习与交流的平台、缓解压力的"港湾"、持续成长的"加油站"。在工作坊内部，每个人都是平等的，敞开心扉、畅所欲言，营造了一种温馨开放的环境。对理论与实践的探索表明，"班主任工作坊"是一种蕴含新意与诗意、具备实效与长效、散发活力与魅力的当代班主任专业发展新模式。② 班主任工作室与班主任工作坊具有很大程度的相似性，这里不再赘述。

班主任比赛。顾名思义，班主任比赛指的是各级机构（一般是教育行政部门）组织的班主任专业知识、专业能力等方面的比赛活动。通常情况下，班主任大赛会对比赛内容、标准作出较为明确的规定。在参加班主任大赛的过程中，班主任可以在专业知识、专业技能等方面得到提升，实现专业成长。一些研究者认为：近年来，各地各校为了做好参赛准备工作，分别组织开展班主任基本功训练与比赛活动，层层推进，全员参与，有力地促进了班主任队伍整体素质的提升。正如一位参赛班主任深有感触地说，"我现在处理学生中的问题时，不像过去那样草率简单，而是能够多做一些思考，多想一些办法，多了一些儿童立场。"在班主任基本功训练与比赛过程中，班主任们努力学习党和国家关于教育方面的方针政策、教育法律法规，学习德育与班主任工作的基础理论知识，研讨班集体建设与管理的方法和技巧，提升了教育理念与专业素养，体现了班主任专业发展的理智取向；班主任之间相互交流、学习，实现了资源共享、优势互补，共同成长，体现了班主任专业发展的生

---

① 朱湘妹. 班主任专业素养提升的载体设计与实施 [J]. 上海教育科研，2015（7）：59—62.

② 李伟，鲁帅，吴莎莎. 工作坊：班主任教师专业发展新模式 [J]. 中小学德育，2013（10）：20—24.

态取向。有的参赛班主任甚至感到"一次比赛胜过十次培训"。因此,班主任基本功比赛使班主任能够进一步认清自己的角色与使命,更有效地履行班主任的职责与任务,不断提高自身的专业化水平,从而促进班主任的专业成长。①

二、自主实践、学习及反思、研究

自主实践。所谓自主实践,指的是班主任的日常教育实践,是班主任专业知识、专业技能甚至专业情意的重要来源。在建设、管理班级等活动中,班主任可以不断摸索相关的做法、经验,实现专业上的进步和成长。因此,一些研究者认为:班主任个体从日常工作做起,抓住机遇,迎接挑战,提高自身专业化水平以推进整体专业化发展是一条切实可行的道路。② 班主任"需要在日常学习和生活中一点点摸索,慢慢总结出一些经验,进而找到适合自己的带班育人方法,并通过体悟逐渐内化为适合自己的'理论'"。③

自主学习。所谓自主学习,指的是班主任阅读专业书籍、期刊等展开学习。班主任要想从胜任走向优秀,就必须努力提高自身的教育智慧。这不仅需要学习中外经典教育理论,还要学习和掌握心理学、教育学和管理学等条件性知识;不仅要向书本期刊学习,还要向网络媒体学习,向同行和名师学习;不仅要联系岗位需要,结合职业特点广泛性地学,还要联系工作实践,结合班级学生特点有针对性地学。通过不断地学习,将现代教育理论、教育思想、科学管理方法和手段内化,最终形成自己的专业知识体系和班主任专业素养。④

---

① 黄正平. 班主任基本功比赛:内容、特点与价值——以长三角地区中小学班主任基本功大赛为例[J]. 教育科学研究,2016(9):70—73.
② 薛晓阳,蔡澄,申卫革. 班主任工作原理与策略[M]. 镇江:江苏大学出版社,2020:22—25.
③ 齐学红,李月. 班主任专业化的理论支持系统——班主任的"理论"从何而来?[J]. 教育科学研究,2017(10):5—9.
④ 尚丰慧. 班主任专业理论及班级管理[M]. 长春:吉林教育出版社,2019:240.

拓展阅读：教育学书籍阅读的"三重门"

当然，我既然在教育学领域长久任教，在"完善的教育专业素养"一维，总有些个人体会，可以抛砖引玉。而以我之见，若限定在教育学领域，教师可以循序渐进地开展如下三种类型的阅读。

第一种：经验的教育学阅读。

对于许多刚刚进入教育学学习领域的教师来说，最为亲切的往往是那些感性、优美、深入浅出的教育思想的言说，故"经验的教育学阅读"应当是教育学学习的初阶。

经验的教育学，并非"低级"的教育学。从孔子、苏格拉底、洛克、卢梭一直到今天，人类许多伟大的教育思想都蕴藏在经验的教育学论述之中。现当代，这一类经典作品更不少见。比如：苏霍姆林斯基的《帕夫雷什中学》、A. S. 尼尔的《夏山学校》、小原国芳的《小原国芳教育论著选》、黑柳彻子的《窗边的小豆豆》等。国内教育名家中，魏书生、李镇西、李吉林等人的作品也深受广大一线教育工作者的追捧。

第二种：学科的教育学阅读。

所谓"学科的教育学"，其实就是"教材"意义上的教育学。教科书的一大好处，是能将某一个学科领域较为稳定的经验、思想、研究成果以"基础知识"的方式汇集起来，极为方便读者形成该学科较为全面的"思想地图"。不过教育学是一级学科，单教育学本科专业课程就有好几十门。若要求一线教师将这几十门教育学科的教科书都通看一遍，显然是一个太过艰巨也未必有必要完成的任务。好在教师的日常工作需要决定教师的阅读，若从这个线索去开列教育学教科书的阅读书目，就会相对简单起来。一个在中小学从教的教师，主要的工作可以归为两个方面：一个是"教书"，也就是教学；另外一个是"育人"，核心是德育。故"学科的教育学"阅读，不妨先从这两个领域开始。

在课程与教学领域，有两类教科书是教师必读的。一类是有关课程论、教学论的著作。我个人过去阅读体验比较好的，有施良方的《课程理论：课程的基础、原理与问题》、王策三的《教学论稿》、陈佑清的《教学论新编》等。另外一类是与课程和教学活动直接关联的心理学教材，如谢弗（David

Shaffer)的《发展心理学》、皮连生主编的《学与教的心理学》、刘儒德主编的《教育中的心理效应》等。21世纪以来，课程、教学改革风起云涌，一线教师们疲于应付的任务之一就是无休止的教改培训。须知课程、教学改革的许多"时代要求"对于教育学科来说，只不过是教育学基本原理或者教育学专业常识的应用。与其反复参与一些使人昏昏的专家讲座，不如静下心来系统阅读一些教育学教科书。倘使我们能够从课程、教学的原理上明白更多，我们对新课改任务的理解、反思、创造性实践，当然就会容易很多。

第三种：学术的教育学阅读。

倘若"学科的教育学阅读"可以因工作任务的标准简化为教学、德育两大类，有一些最基本的书目可列，则"学术的教育学阅读"可能就没有开列普适书目的可能了。因为进入"学术"或者研究层次后，读者的课题是具体的、兴趣是个性的。唯一可以一说的，就是研究兴趣与阅读兴趣的统一性了。

以上是我个人关于教师阅读的一孔之见，具有强烈的个人主观性。不过谁都是个人主观性地推荐阅读书目的。北京大学陈洪捷教授曾经告诉我说，美国、德国教育学界都曾列举过20世纪（一百年）100本教育学经典著作，结果是99本都不一样，只有一本著作相同——那就是杜威的《民主主义与教育》。

——节选自：檀传宝. 教育学书籍阅读的"三重门"[N]. 中国教育报，2021-3-24.

开展德育叙事。所谓德育叙事，指的是班主任用讲故事、写故事的形式记录教育生活中发生的各种真实鲜活的教育事件和发人深省的动人故事，以此表述亲身经历过程中的内心体验和对德育的理解与感悟。德育叙事大致分为班集体生活类叙事和自传类叙事两类。其一，班集体生活类叙事。即在班集体建设中发生的故事，如对学习困难学生的一次辅导，对一次教室失物事件的处理，一次失败或成功的班干部选举，一个犯错误学生处置失误的场景，等等。班主任将这些故事叙说出来，并写出感想与反思。如果班主任对某一事件进行追踪研究，那么这种"班集体生活类叙事"就会显得更有价值。其二，自传类叙事。班主任在叙写学生之事、进行德育叙事时，也包含了对自我教育经历、教育信仰的研究。"教育自传"除了便于研究教师、理解教师之外,还有更重要的价值,就是促使教师以这种说话的方式学会自我反思和自我评价,并获得"自我发展的自觉意识"。[①]

拓展阅读:德育叙事的基本思路

一篇优秀的教育叙事的产生通常要经历以下过程。

第一,确立一个含义比较深刻的主题。一般说来,能够提炼为故事主题的问题应具有三个特点:能揭示矛盾(在教育教学实践中产生的、困扰自己而不容易解答的问题),能阐述自己所信守的某种教育思想(进而引发同行共鸣的问题),能提炼个人教育理念(其他教师个人感兴趣的问题)。可以将事件或主题定为标题,标题要紧扣主题,提示内容,视角新颖。

第二,简洁交代问题产生的背景。背景包含故事发生的时间、地点、人物、起因,也可以包含学生的家庭背景。背景介绍并不需要面面俱到,重要的是说明故事的发生有没有什么特别的原因或条件,介绍要起到穿针引线的作用。

第三,对问题情境的细节描述(即解决问题过程的描写)。每一个叙事都必须有一个明确的问题或矛盾。要注意全面、详尽、细致地展现问题解决的过程,包括问题解决过程中出现的反复、挫折等,以及班主任是如何干预的。这部分应通过对关键细节的描写,或错综复杂情境的再现,或生动形象的表述,充分展现教育干预及其效应的过程。要揭示出人物的内心世界,并通过对人物面部表情、心理活动等细微变化的描述,揭示教育工作的复杂性。要展示事件演进的过程,通过具体、生动的情境描写,使阅读者有身历其境之感。

第四,对问题解决结果或效果的描述,并提供可资借鉴的教育思考。可以从一个侧面对撰写的故事作深入分析或反思,根据实事求是的原则,通过理论联系实际、由表及里的分析,揭示故事背后隐藏着的班主任工作的专业

---

① 卓月琴. 德育叙事:提高班主任专业发展自觉的有效途径 [J]. 思想理论教育,2013(14):43—46.

知识、基本原理或规律，反映班主任所拥有的实践智慧和人格魅力。①

进行教育科研工作。教育科研指的是班主任立足于现实的教育情境及问题，进行相关的研究工作。一些研究者认为：班主任参与教育科研可以增强他们的问题意识，促使他们关注各种教育现象，反思各种教育问题。同时，班主任参与教育科研可以促进他们对教育科学知识、专业理论的学习和研究，促使他们广泛收集关于班级建设与管理的研究数据和资料，不断更新自己的知识结构。②

研究者认为，除了班主任自身的努力，班主任专业发展也需要外部力量的支持与保障。例如，班主任的福利待遇、职称、时间等需要得到保障。

一是需要保障班主任的基本权益。班主任的基本权益指的是班主任在待遇、职称等方面应享有的权利和利益。对于班主任专业发展而言，他们的权益是否得到有效保障，是非常重要的影响因素。换言之，班主任基本权益的保障情况在很大程度上影响着班主任专业发展的积极性与主动性。也正是由于此，人们认为应该保障班主任的基本权益。具体而言，班主任的以下权益需要得到保障。第一，班主任的津贴与相关待遇。按照相关文件的要求，班主任可以得到班主任津贴与福利。第二，班主任的职称。对于中小学教师而言，职称是一件非常重要的事情。当前，一些部门为了提高教师担任班主任的积极性，已将班主任职称评审单列。第三，班主任的社会声誉。班主任的社会声誉主要指的是班主任在社会上所享有的声誉。当前，受到一些极端事件以及不恰当报道的双重影响，班主任遭受了一些"污名"。因此，包括教育行政部门、家长、社会大众以及大众传媒在内的各方力量，需要自觉主动地保障班主任的社会声誉。

二是需要为班主任提供专业发展时间和研修资源的保障。班主任的时间丰裕程度，直接影响其参与专业发展的可能与时长。因此，相关机构需要对

---

① 卓月琴. 德育叙事：提高班主任专业发展自觉的有效途径 [J]. 思想理论教育，2013 (14): 43—46.

② 杨连山. 班主任专业化成长策略 [M]. 重庆：西南师范大学出版社，2013: 118.

班主任的专业发展时间予以保障。为班主任提供研修资源保障，指的是教育科研教研机构需要根据班主任的实际状况，研究探索出更适宜班主任专业发展的研修内容、方式、资源等。这至少体现在两个方面：一是行政部门、教研科研部门需要不断思考所属区域的班主任应该接受何种研修；二是相关部门需要思考何种研修资源更适合班主任的工作特征。

推荐阅读：

1. 齐学红，黄正平. 班主任专业基本功（第3版）[M]. 南京：南京师范大学出版社，2017.

思考题：

请结合自身的实际情况，谈谈当前应当为成为班主任做哪些准备。

附录一：

教育部关于印发《中小学班主任工作规定》的通知

教基一〔2009〕12号

各省、自治区、直辖市教育厅（教委），新疆生产建设兵团教育局：

为了进一步加强中小学班主任工作，发挥班主任在中小学教育中的重要作用，保障班主任的合法权益，全面推进素质教育，特制定《中小学班主任工作规定》，现印发给你们，请遵照执行。

教 育 部
二〇〇九年八月十二日

中小学班主任工作规定

第一章 总则

第一条 为进一步推进未成年人思想道德建设，加强中小学班主任工作，充分发挥班主任在教育学生中的重要作用，制定本规定。

第二条 班主任是中小学日常思想道德教育和学生管理工作的主要实施者，是中小学生健康成长的引领者，班主任要努力成为中小学生的人生导师。

班主任是中小学的重要岗位，从事班主任工作是中小学教师的重要职责。教师担任班主任期间应将班主任工作作为主业。

第三条 加强班主任队伍建设是坚持育人为本、德育为先的重要体现。政府有关部门和学校应为班主任开展工作创造有利条件，保障其享有的待遇与权利。

第二章 配备与选聘

第四条 中小学每个班级应当配备一名班主任。

第五条 班主任由学校从班级任课教师中选聘。聘期由学校确定，担任一个班级的班主任时间一般应连续1学年以上。

第六条 教师初次担任班主任应接受岗前培训，符合选聘条件后学校方可聘用。

第七条 选聘班主任应当在教师任职条件的基础上突出考查以下条件：

（一）作风正派，心理健康，为人师表；

（二）热爱学生，善于与学生、学生家长及其他任课教师沟通；

（三）爱岗敬业，具有较强的教育引导和组织管理能力。

第三章 职责与任务

第八条 全面了解班级内每一个学生，深入分析学生思想、心理、学习、生活状况。关心爱护全体学生，平等对待每一个学生，尊重学生人格。采取多种方式与学生沟通，有针对性地进行思想道德教育，促进学生德智体美全面发展。

第九条 认真做好班级的日常管理工作，维护班级良好秩序，培养学生的规则意识、责任意识和集体荣誉感，营造民主和谐、团结互助、健康向上的集体氛围。指导班委会和团队工作。

第十条 组织、指导开展班会、团队会（日）、文体娱乐、社会实践、春（秋）游等形式多样的班级活动，注重调动学生的积极性和主动性，并做好安全防护工作。

第十一条 组织做好学生的综合素质评价工作，指导学生认真记载成长记录，实事求是地评定学生操行，向学校提出奖惩建议。

第十二条 经常与任课教师和其他教职员工沟通，主动与学生家长、学生所在社区联系，努力形成教育合力。

第四章 待遇与权利

第十三条 学校在教育管理工作中应充分发挥班主任的骨干作用，注重听取班主任意见。

第十四条 班主任工作量按当地教师标准课时工作量的一半计入教师基本工作量。各地要合理安排班主任的课时工作量，确保班主任做好班级管理工作。

第十五条 班主任津贴纳入绩效工资管理。在绩效工资分配中要向班主任倾斜。对于班主任承担超课时工作量的,以超课时补贴发放班主任津贴。

第十六条　班主任在日常教育教学管理中,有采取适当方式对学生进行批评教育的权利。

第五章　培养与培训

第十七条　教育行政部门和学校应制订班主任培养培训规划,有组织地开展班主任岗位培训。

第十八条　教师教育机构应承担班主任培训任务,教育硕士专业学位教育中应设立中小学班主任工作培养方向。

第六章　考核与奖惩

第十九条　教育行政部门建立科学的班主任工作评价体系和奖惩制度。对长期从事班主任工作或在班主任岗位上做出突出贡献的教师定期予以表彰奖励。选拔学校管理干部应优先考虑长期从事班主任工作的优秀班主任。

第二十条　学校建立班主任工作档案,定期组织对班主任的考核工作。考核结果作为教师聘任、奖励和职务晋升的重要依据。对不能履行班主任职责的,应调离班主任岗位。

第七章　附则

第二十一条　各地可根据本规定,结合当地实际情况,制定中小学班主任工作的具体实施办法。

第二十二条　本规定自发布之日起施行。

附录二：

儿童青少年常见严重心理问题的识别

一、注意缺陷与多动障碍（ADHD）

注意缺陷与多动障碍又称儿童多动症，是一组同时具有注意缺陷和活动过度、冲动的行为障碍。初发期一般在 7 岁之前，高峰发病年龄为 8—10 岁，常见小学生群体。其主要表现为：注意缺陷、活动多动和冲动行为。

1. 注意缺陷：做事不注意细节，粗心大意，难以维持注意，不能认真听讲，难以服从和完成指令。行为组织性差，常丢三落四，行为容易受外界干扰，易于忘事。

2. 多动表现：不能安静就坐，常离开座位，有过度跑动或攀爬行为。不能安静游戏玩耍，在游戏中动个不停。

3. 冲动表现：冒失地回答问题，等待时缺乏耐心，常常打断别人，爱插话。爱冒险，不考虑后果。

部分学生也会出现对即刻诱惑难以抵制，对延迟满足缺乏耐心；不能耐心观察事物，等待事物发展而过快反应；会经常给别人制造麻烦，有不礼貌行为；不受欢迎，人际关系不佳；学业成绩低下，阅读、数学、计算较差，降低动机等。

二、学生情绪问题

个体正值青春期，其身体和心理快速成长，但是还不能自主处理、控制情绪和行为，因此，青少年情绪发展容易存在不同程度的问题。情绪问题往往与其他问题伴生出现（如行为坐立不安、厌学，认知上的注意力下降、观念消极，生理上睡眠、胸闷等躯体不适等）。青少年学生的情绪问题可以分为发展性问题和障碍性问题。发展性的情绪问题指的是个体在发展过程中出现的心理困扰，心理辅导时重在帮助个体提高心理素质，健全人格，成为适应现代社会需要的合格个体。障碍性的情绪问题属于心理障碍，重点在治疗帮助个体恢复社会功能。常见的情绪问题有：青少年抑郁、焦虑、双向障碍、自卑、孤独、易激惹等。对于学生严重的情绪问题，如抑郁症、强迫症、焦虑症等，需要"心理治疗＋药物治疗＋家庭环境改变"，三管齐下才能有效治疗情绪障碍。在教育教学和班级管理中，很多时候学生的心理问题会被学业成绩掩盖，教师要多关注学生的情绪变化和躯体化反应，给予学生更多共情和理解。

1. 焦虑障碍

焦虑障碍又称焦虑症或焦虑性神经症，是一种以焦虑情绪为主的神经症。分为惊恐障碍和广泛性焦虑两种类型。个体对很多事情或者活动表现出过分的焦虑和担心，个体难以控制这种担心；出现以下一种以上症状超过半年。

◆容易疲倦

个体容易产生疲劳的感觉，使得之后的任务做得有心无力。

◆肌肉紧绷

长时间无法放松，使肌肉和神经长期处于紧张和警戒的状态。因此，长期焦虑非常容易导致肌肉酸痛或头痛。

◆坐立不安，紧张、恐惧、担忧等

◆注意力难以集中

很多个体在学习过程中，也许会花费很长的时间，但难以集中注意力去学习，效率却很低，会体验到巨大的挫折感，对自己感到失望，甚至厌学。

◆睡眠问题

◆易怒

焦虑、烦躁的情绪会使一些青少年情绪变得易激惹，更容易不耐烦、愤怒和乱发脾气，引发其他问题。

2. 抑郁

根据2019—2020年中国国民心理健康发展报告，我国儿童青少年抑郁症状的总检出率为24.6%，其中轻度抑郁17.2%，重度抑郁7.4%。我国6—16岁的中小学生中，抑郁障碍的检出率为3%，抑郁障碍是学生中最常见的心理问题之一。造成儿童青少年抑郁的主要原因是学业压力、亲子关系、人生意义等。学生不同阶段症状特点会有所差异，抑郁障碍的患病率随年龄增加而增加，女生的重性抑郁障碍的患病率要高于男生。对于正处于叛逆期的青少年来说，抑郁更为隐性。中小学的抑郁障碍表现为在一定的时间段内持续出现抑郁症状，包括心境抑郁或丧失兴趣、愉悦感，大部分时间感到悲伤、空虚、无望，几乎所有活动兴趣都减低，常常伴随饮食和睡眠障碍，思维和认知能力下降，罪恶感和内疚感强烈，有易激惹、烦躁和易发怒的特点。

（1）抑郁一般涵盖三个不同层面

①抑郁情绪：一种以低落、沮丧等为主要特征的情绪状态，是个体在不同人生阶段都会有的一种正常的情绪体验。

②抑郁症状：包含了一些抑郁症中的典型症状，但未达到抑郁障碍的临床诊断标准，如出现情绪症状（情绪低落、兴趣减退）、生理症状（如失眠）、认知症状（如绝望）、行为症状（如退缩）。

③抑郁障碍：界定更加严格，不仅需要具备达到临床标准的症状，而且症状的持续时间一般需要达到两周以上。以心境低落为主要临床表现的一种心境障碍。严重者可出现幻觉、妄想等精神病性症状。

抑郁障碍的青少年需要尽早治疗，且其与其他精神科疾病共病，学业、人际关系等社会功能更差。疾病若反复发作，可能延至成年，造成更重疾病负担与后果。其次，抑郁障碍需要维持治疗，以及通过药物与心理治疗共同来预防复发。药物可以控制症状，心理治疗可以帮助更有效地处理生活问题。

（2）常见的抑郁误解

①由于压力事件而造成学生的抑郁，所以只要给孩子减压就可以了。

压力可能触动原本就有脆弱性的青少年发展成抑郁症。情绪障碍的早期发作，常常与心理压力有关，但是以后疾病可能会自发出现，无需压力事件诱发。

②抑郁的学生只要做好思想工作就可以，不需要接受医疗方面的治疗。

抑郁症的病因兼具生物和心理社会因素，一旦符合疾病诊断标准，就需要及时、正规地进行治疗。

③最好是只采用心理咨询就可以，不要用药物治疗。

重度抑郁症必须使用药物治疗，必要时（比如有自杀行为或倾向）还需要住院治疗。

④治疗好转后，要尽快停药，是药三分毒。

重度抑郁复发倾向明显，多次复发会恶化，预防复发在某种程度上比治疗更加重要。

此外，焦虑和抑郁虽然是两种独立的情绪，但是在实际中两者有很多的重叠症状，往往同时存在。

三、学生心理问题的行为表现

1. 适应障碍

适应障碍是在一定的应激源（一般是在环境改变、突发事件等）的影响下，由于个体的身心素质不良所导致的社会适应功能性障碍，表现出各方面的不适。分为以情绪失调、活力下降、社会退缩、品行不端、躯体不适为主的适应障碍。

①情绪失调：学生出现紧张不安、情绪低落，也有的焦虑和抑郁情绪并存。

②活力下降：学生感到学习能力下降，活动效率显著下降。

③社会退缩：学生不愿意参加社交活动，常独自活动。

④品行不端：常见的品行问题包括说谎、逃学、打架斗殴、破坏公物、酗酒等。

⑤躯体不适：学生会有恶心、呕吐、便秘、腹泻、食欲不振等症状，但检查未发现躯体存在特定的疾病。

2. 品行障碍

品行障碍是指儿童青少年在品德上反复出现、持续存在并对外界构成不良影响或严重影响的行为障碍。

品行障碍的行为特征	品行障碍的心理特征
◇持续表现出违反社会规范的行为，损害他人权益（说谎、偷窃、破坏公物、攻击行为等较为常见）	◇认知扭曲，试图将其反社会行为合理化
◇寻求刺激，崇尚暴力、行为冲动	◇感情淡漠，缺乏内疚感、羞耻感、懊悔感
◇人际关系紧张，行为孤僻	◇学习兴趣薄弱，贪图享乐
◇学业不良	◇不考虑个人的行为后果
◇活动过度	◇不愿意接受他人帮助

心理临床上通常将品行障碍划分为反社会性品行障碍和对立违抗性品行障碍两种。反社会性品行障碍多见于少年，更多明显表现在触犯他人权利或违法乱纪方面；对立违抗性品行障碍多见于10岁以下儿童，多以不服从、违抗或挑衅性行为为主要特征（详见CCMD—3提出的症状标准）。

3. 网络成瘾

网络成瘾也叫网络成瘾综合征（internet addiction disorder，简称IAD），在临床领域，也被称为病理性网络使用（pathological internet use，简称PIU），通常是指以虚拟信息为成瘾媒介，在网络使用中失去自控能力，从而引发生理、心理、社会功能受损的一种过度行为。网络成瘾已逐步演变为一个严重的社会问题，它对于儿童青少年的生理心理健康可能产生不同的危害，如影响抽象逻辑思维健康发展、削弱学生的意志品质、加剧自我同一性危机、诱发不同程度的人格缺陷，甚至影响社会适应和人际关系等。

如果按照以下标准[①]，有五条以上符合的话，就可以基本判定患有网络成瘾综合征。

（1）全神贯注于网络，并且在线下后继续想着上网的情形；

（2）觉得需要更多的时间在线上才能得到满足；

（3）曾经多次努力过控制或停止上网但没有成功；

（4）当企图减少或停止时，觉得沮丧、脾气暴躁；

[①] 陈明龙，陈先建. 青少年网络成瘾分析及对策浅论[J]. 兰州学刊，2003（1）：98—100.

（5）上网花费的时间比以前想象得长；

（6）为了上网甘冒危险；

（7）曾向师长、朋友等说谎隐瞒上网的程度；

（8）上网是为了逃避问题或释放一些感觉，如焦虑等，有强迫性上网与戒断反应。

4. 自杀和自伤

（1）自杀

自杀是个体自愿或者蓄意采取某种手段结束自己生命的行为，它属于一种复杂的社会现象。肖水源等人根据自杀的客观后果和心理动因，将自杀分为自杀死亡、自杀未遂、自杀准备、自杀计划和自杀意念。根据研究发现，青少年自杀有以下特点：压力主导型自杀在中国中小学生的自杀中占绝大多数，包括师生冲突、家庭冲突、学业压力、相约自杀等；其个体冲动型自杀居多；春夏季是自杀高发季节等。

精神分裂、情感障碍、人格障碍和神经症能导致心理危机和自杀、伤人风险。在教育教学过程中，部分教师有时会不敢、不会评估，有侥幸心理。此外，一旦发生自杀等群体性心理危机事件，会引发剧烈的社会动荡，其危害比传染病本身的危害还要大。因此，对于校园自杀的预防、处置和干预，既是深化心理健康教育的重要举措，也是推进平安校园、和谐校园建设的时代要求。

（2）儿童青少年的非自杀性自伤（NSSI）

非自杀性自伤是指个体在没有自杀意图的情况下，采取故意、直接伤害自己身体的一系列不被社会所接纳的行为。NSSI发生可能涉及生物、心理以及社会等方面因素。个体自残不一定是自杀企图或寻求关注的行为，很可能是一种希望得到别人回应发出的信号。NSSI多始于青少年早期甚至儿童期，平均年龄发生在12至14岁，15至17岁到达峰值，进入成年期后逐渐减少。个体的自杀姿态（自杀威胁）和非自杀性自伤均不是自杀，其目的是控制关系、需求关注或其他目的（杨丽，2021）。

后　记

刚毕业就当班主任，对每一位准中小学教师来说，都是不小的挑战。学生不服管怎么办？班主任事情太多做不过来怎么办？即使是已经有过多年教学经验的教师，首次担任班主任，也会有些慌张。对于一些中小学教师来说，他们在求学期间可能没有学过德育理论与实践相关课程，更没有系统学过班主任或班级管理相关的课程。当前一些有关班主任工作的书籍更多是从经验总结或实战指南的角度，提供具体问题上"我是怎么做的""可以怎么做"，但较少涉及对班主任工作更为全面的思考——"为什么要这样做"及其背后的理论支撑。

正是因为这些，才有了本书最初的设想——从德育的视角帮助"准班主任"成为一个够格的、专业的班主任。考虑到师范生、新手教师以及有过教学经历的新手班主任的不同需求，我们从理论和实践两个层面选择了八个主题，根据"准班主任"的易接受度对主题顺序进行了编排。在理论层面，本书涉及班主任角色定位和专业发展、学校德育、德育理论；在实践层面，本书既包括班级秩序、主题班会、心理健康教育等具体班主任工作，也有班主任工作的整体架构。这八个主题虽无法涵盖班主任开展德育工作的所有内容，但基本上涉及了师范生和新手班主任需要了解的核心内容。除了准班主任这一群体，本书也可以为广大一线班主任提供参考，为班主任从经验型向专业型转变提供一些启发。

本书是中小学教师、教科研机构和高校教师合作的结果。各讲的作者如下。

第一讲：孔祥渊，深圳大学

第二讲：李乃涛，深圳市宝安区教育科学研究院

第三讲：郭冰，北京教育学院

第四讲：郭冰，北京教育学院

第五讲：王慧，天津师范大学

第六讲：迟希新、郭冰，北京教育学院

第七讲：姜旭，北京师范大学朝阳附属学校

第八讲：孔祥渊、高雨洁，深圳大学

在本书编写过程中，深圳大学教育学部给予了大力支持。同时，关文军博士、范文静博士、常松博士、董永贵博士、周昱勤老师、刘思亚老师等提出了诸多宝贵的修改意见。在书稿的校对过程中，深圳大学的硕士研究生高雨洁协助编者做了很多细致入微的工作。福建教育出版社的编辑团队为本书的出版提供了非常专业的建议。在此一并表示感谢。

期待这本教材能对师范生和新手班主任了解自我、了解德育及班级工作有所裨益。也期待同仁们给这本教材提出建议，以不断使其完善。对于书中的纰漏或者错误，编者负有责任，也请读者批评指正。

编者

2023 年 7 月